ODA AL AMOR

De la Argentina a los Estados Unidos
Gertrude Probst Muro
Jaime Muro Crousillat

Gertrude Probst Muro

Copyright © 2013 Gertrude Probst Muro
All rights reserved.
ISBN: 978-1484143315
ISBN: 1484143310

A mi querido esposo, Jaime Muro Crousillat

Gertrude Probst Muro

Índice

Nota: distintas letras de imprenta indican un cambio de escritor. La letra cursilla pertenece a Jaime Muro Crousillat.

Primera Parte: Buenos Aires en los Años 70
Tiempos de Peligro y Violencia
Un Golpe de Buena Suerte
El Ciervo de Oro
Llamada
Un Encuentro Feliz
Segunda Parte: Niñez
Tiempos Difíciles
Accidentes
Mi Niñez
Kristel Kratje
La Familia Kratje
Tercera Parte: Primeras Experiencias
Mi Primer Matrimonio
Dos Errores en mi Vida
Mar del Plata
Living English Centre
Una Experiencia Cerca de la Muerte
Desilusión

Mi Vida de Estudiante

Un Encuentro Oportuno

Desgracia con Suerte

El Ojalillo

Mi Meta

Cuarta Parte: Médico Recibido

Mi Vida como Médico

Dos Eventos Dignos de Mención

Un Escándalo

Quinta Parte: Tiempos Inolvidables

Nuestra Primera Cita

Situaciones de Peligro

Nuestra Casa en Martinez

Paz

Una Nube Negra en el Horizonte

Sorpresa

Los Parientes de Jaime en El Paso

Chiclayo, Perú

Nuestros Amigos en Buenos Aires

Mi Pasión por la Cocina

La Mudanza

Sexta Parte: Nuevos Horizontes

Un Nuevo Hogar en los Estados Unidos

Un Segundo Idioma

Nuestros Primeros Años en El Paso

Mi Vida con mi Esposa Gerty

Nuestro Hogar

Un Bribón

Jaime y Su Buen Humor

La Doctora Marie Barker

Tratando de Estirar el Dólar

Amor y Compañerismo

Un Matrimonio Feliz

Proceso de Envejecimiento

Séptima Parte: Recorriendo el Mundo

1980 Viajes

1988 Viaje a Buenos Aires

1989 En el Aeropuerto de Miami

1991 Vacaciones

1992 Hawái

1994 Las Vegas

2006 Los Parientes Franceses de Jaime

2008 Nuestro Último Viaje a Buenos Aires

2008 Un Viaje Triste

Octava Parte: Mirando en el Espejo Retrovisor

Añoranzas

Reflexiones

La Pérdida de Mis Tierras

Novena Parte: Tiempos Felices

Nuestras Mascotas

Fiesta

Josette

Amigos

Kristen

Mi Trabajo en EPCC

Décima Parte: El Final

El Último Cumpleaños de Jaime

El Día Más Triste de mi Vida

La Familia Muro

En Paz
Artifex vitae artifex sui

Muy cerca de mi ocaso, yo te bendigo, Vida,
porque nunca me diste ni esperanza fallida,
ni trabajos injustos, ni pena inmerecida;

Porque veo al final de mi rudo camino
que yo fui el arquitecto de mi propio destino;
que si extraje las mieles o la hiel de las cosas,
fue porque en ellas puse hiel o mieles sabrosas:
cuando planté rosales coseché siempre rosas.

Cierto, a mis lozanías va a seguir el invierno:
¡mas tú no me dijiste que mayo fuese eterno!
Hallé sin duda largas las noches de mis penas;
mas no me prometiste tan sólo noches buenas;
y en cambio tuve algunas santamente serenas...

Amé, fui amado, el sol acarició mi faz.
¡Vida, nada me debes! ¡Vida, estamos en paz!

Amado Nervo

Gertrude Probst Muro

Prefacio

Argentina en el Siglo XX

El comienzo del siglo XX fue una época de prosperidad en la Argentina. En 1929, la Argentina fue el cuarto país más rico del mundo. Durante ese tiempo la Argentina sobrepasaba a Canadá y Australia en población e ingresos per cápita. El éxito económico se debía a la influencia de las ideas filosóficas de libertad económica expuestas por los próceres norteamericanos Thomas Jefferson y James Madison. Estas ideas fueron incorporadas en la nueva constitución bosquejada por el escritor y político Juan Bautista Alberdi en el año 1853.

El gobierno tenía muy poco poder sobre los ciudadanos. No había impuestos de ingresos ni obras de bienestar social. La empresa era libre y no había barreras para la inmigración.

En el año 1930 la prosperidad llegó a su fin. La economía argentina se vio deteriorada considerablemente debido, sobre todo, a factores como la inestabilidad económica. Cuando la junta militar tomó el poder, los militares rechazaron la constitución escrita por Alberdi y adoptaron la filosofía socialista de Mussolini.

De los años 1940 a 1955, Juan Perón tuvo un papel primordial en el futuro del país. Militar y político, tuvo varios puestos como Ministro de Trabajo y Vicepresidente de la Argentina hasta que fue elegido presidente en

1946. Perón quería darle pan a las masas robando a los pudientes. En 1955 los días gloriosos de libertad en la Argentina habían terminado.

Perón fue exilado pero dejó a sus seguidores en el país, especialmente entre los trabajadores, quienes lo reeligieron en 1973. En los años 70 choques entre los Montoneros, un grupo católico de izquierda, y los militares provocaron un triste período de violencia en la Argentina.

Prólogo

Jaime Ricardo Muro Crousillat

Jaime fue un médico destacado. Sentía cariño y compasión por sus pacientes, enfermos mentales. Se preocupaba por ellos y se aseguraba que tuvieran el cuidado que se merecían. En lugar de prescribir medicación, les recomendaba trabajo manual como terapia. Aprendió a trabajar con cerámica y les enseñó a sus pacientes a hacer toda clase de objetos que ellos exhibían en el hospital con orgullo. Cuando notó que sus pacientes respondían de manera muy diferente a ciertos objetos de cerámica, Jaime pasó innumerables horas para crear un test que mide la creatividad. Jaime era admirado y respetado por sus colegas y amigos, y era muy querido por sus pacientes. Tenía mucha compasión por los enfermos mentales y les dedicaba todo su tiempo disponible.

Además de la medicina, a Jaime le apasionaba el arte y la música y sus libros lo acompañaban adonde fuera. Cuando vacacionábamos por ciudades importantes, Jaime no se perdía de ver un museo. Así fue como disfrutó de lleno el Louvre en Paris, el Museo del Prado en Madrid y el Deutsches Museum en Munich.

De sentimientos nobles, un hombre sensible y de buen corazón, Jaime era querido por familiares, amigos y conocidos. Jaime quería a sus semejantes, y cualquiera que se le acercara era atraído hacia él como un imán. Los empleados en los supermercados lo recibían con una sonrisa y hacían lo posible por complacerlo. Así era cómo conseguía los mejores huesos para nuestros perritos. Con su personalidad extroverrtida se hacía de amigos tanto entre la gente humilde como entre la más pudiente.

Como cocinero gourmet, varias veces al año organizaba cenas para sus amigos que preparaba él mismo. Así, en febrero de cada año había una reunión de unas 40 personas en casa que venían jubilosas a festejar un cumpleaños más. Jaime llegó a cocinar para todas esas personas hasta que cumplió 88 años. De pié en la cocina por días y por muchas horas Jaime saboreaba el momento de convidar con esos buenos manjares a la gente querida. A los 88 años, preparó una cena exquisita para 35 invitados.

Eran días muy felices que todos gozábamos a su lado. Siempre tenía orgullo de haber alcanzado una edad avanzada y le divertía preguntar a otros qué edad tenían. A los que tenían la mitad del tiempo que él había vivido, les decía con pena simulada, *Pero si es un pichón*. Hasta el día de su muerte, siempre decía: *No me asusta la muerte, pero ¡cómo me gusta la vida!* También amaba mucho a los animales y cuando lo invitaban a cazar, aunque era buen tirador, nunca pudo matar un animal.

La simpatía, cordialidad, y los buenos modales de Jaime lo llevaron a lugares interesantes e importantes. En un viaje a Puerto Rico, le presentaron a los tres "Pablos" (Pablo Neruda, Pablo Casals y Pablo Picasso) en una fiesta que daba un amigo de Jaime. En otra ocasión, el destino lo llevó a la Casa Blanca en Washington ton. Hace muchos años, y antes de conocernos, lo invitaron a estrechar la mano del Presidente Kennedy y a besar la mano de su esposa, Jacqueline. Era el primer besamanos al que concurrió Jaime. Su admiración por los Estados Unidos nos trajo a este maravilloso país muchos años después.

Jaime era una persona muy considerada. Muchos años antes de conocernos, un miembro de la familia Heineken le obsequió un chalet en Uruguay. Fue un paciente que lo estimaba mucho y que quería retribuirle de alguna manera lo que el Dr. Muro había hecho por él. Un año más tarde, Heineken se declaró en quiebra, y Jaime le devolvió la casa a su amigo. De la misma manera, Jaime tuvo consideración y compasión por el comprador de una de nuestras casas en Estados Unidos. Era en la época de la devaluación del peso mexicano, que tuvo un importante impacto negativo en El Paso, ciudad limítrofe con Juárez, México. El dueño de la casa no disponía de suficiente dinero para realizar los pagos. Jaime nunca consideró hacer posesión de la casa y le dio la oportunidad a él y a su familia de quedarse como inquilino hasta que resolviera su situación.

En el año 1970 un cambio drástico y fundamental golpeó a los peruanos, especialmente a los acaudalados. La Revolución Agraria en el Perú, un grupo de izquierda, había derrocado al gobierno existente y confiscado las tierras de muchos de los terratenientes en el norte del país. Los terratenientes sufrieron la pérdida de sus tierras cuando el presidente de tendencia izquierdista Juan Velasco Alvarado promulgó la reforma agraria por la cual las fértiles tierras de Jaime y de muchos otros fueron entregadas a personas humildes que nunca se dedicaron a trabajarlas. Más recientemente, durante la presidencia de Alberto Fujimori, se hablaba de pagar por los daños y perjuicios a los terratenientes con bonos del estado. Después de innmerables trámites Jaime finalmente consiguió los famosos bonos que en estos momentos están encerrados esperando su libertad en una caja fuerte de un banco en los Estados Unidos. El gobierno reconoce el error cometido pero dice que no tiene dinero. Gracias a su amor por el estudio y la lectura, a su dedicación y perseverancia, Jaime salió adelante después de que le quitaran sus tierras.

Primera Parte: Buenos Aires en los Años 70

Tiempos de Peligro y Violencia

Eran épocas de incertidumbre, de violencia y de desconfianza. Era la Guerra Sucia en la que misteriosamente desaparecían cientos de personas. De ser un país próspero y relativamente pacífico en la primera mitad del siglo XX, Argentina pasó a vivir momentos de terror y desconsuelo. Las Fuerzas Armadas se convirtieron en el verdugo de los disidentes. Las secuelas que dejó la violencia de Perón marcaron la década con hierro incandescente. Eran los Montoneros, que apoyaban a los peronistas y nuevas ideas revolucionarias, una gama de opciones ideológicas marxistas y castristas, entre otras. La Triple A (Alianza Argentina Anti Comunista) organizada por López Rega, alias el Brujo, Ministro de Bienestar Social y guardaespaldas de Perón, inició una caza de brujas contra militantes de izquierda, profesionales y líderes sindicales entre otros. Los escuadrones de la muerte fueron responsables por el asesinato de miles de personas. Tanto la Seguridad Nacional como la jerarquía eclesiástica justificaban la necesidad de la violencia. Militares y eclesiásticos sostenían que los centros clandestinos de detención y tortura, de desaparecidos, y de bebés robados salvaguardarían los valores cristianos.

Los Montoneros infundían terror. Mis amigos me advertían que saliera del país si recibía una nota en un paquete conteniendo sábanas y otros artículos para el hogar que ellos vendían a precios irrisorios. Muchas personas fueron reclutadas para servir a los criminales que acosaban a los incautos por medio del engaño.

Los delincuentes en ese tiempo no disponían de tecnología avanzada. Sin embargo, estaban al tanto de la rutina cotidiana de familias enteras. Sabían donde vivía y trabajaba o estudiaba cada uno de sus miembros. Los árboles frondosos de las calles de Buenos Aires y alrededores les servían como lugares estratégicos de observación.

Al abrir el paquete que había adquirido con precios muy módicos en la calle, el comprador se encontraba con una nota que decía que si quería conservar su vida y la de los suyos, debía seguir una lista de instrucciones. Su casa sería el albergue y escondite de los terroristas. Pocos tenían el valor de acudir a la policía ya que era de público conocimiento que había terroristas en el cuerpo policial. Mucha gente había sido muerta cuando no cumplía con lo que pedían los criminales, que eran tan despiadados como los del ejército. Entre otras noticias nos enteramos que en la capital se había encontrado un camión frigorífico con cadáveres de hombres y mujeres. Los Montoneros habían colgado los cuerpos en los ganchos que se usaban para colgar las reses para ser despachadas a las carnicerías y mercados.

Los tiroteos entre policía y maleantes tomaban lugar a cualquier hora del día o de la noche. En una ocasión viajando en colectivo en un espléndido domingo soleado, los pasajeros entre los que yo estaba incluida, nos abalanzamos al piso al oír el grito *¡Cuerpo a tierra!* El conductor, casi en cuclillas, trataba de conducir el autobús fuera de peligro. Los tiroteos al lado del vehículo no cesaban hasta que finalmente nos encontramos a una cuadra de distancia. Al día siguiente el incidente se publicó en los diarios. *Dos muertos y tres heridos es el saldo de un tiroteo en calle céntrica a plena luz del día.*

En otra ocasión, acababa de entrar a mi departamento cuando el estruendo producido por una ametralladora hizo que me tirara al suelo de inmediato. Era en la esquina de la cuadra por la que yo pasaba todas las noches al venir del trabajo. Al salir al día siguiente vi los agujeros que dejaron las balas en la pared adyacente a la estación de servicio de la esquina.

Todos vivíamos con miedo. Nadie se atrevía a tocar objetos o bultos sospechosos. Cuando fui nombrada directora del Liceo Cultural Británico en Martinez, en la provincia de Buenos Aires, un día me encontré con un problema. Yo tenía la llave de la puerta principal pero no supe qué hacer cuando vi un paquete en un escalón frente a la puerta. No me atrevía a tocar el paquete ni a llamar a la policía. Finalmente mi secretaria y luego gran amiga, Martha Garrahan Berazategui se armó de valor e hizo el llamado. El bulto no resultó más que un paquete de libros.

También había que estar atento a vehículos y personas en derredor. Si al salir de un edificio se veía un automóvil con dos o más personas acercarse lentamente, había que volver a entrar inmediatamente. Así le pasó a mi amigo Armando al salir de su casa. Oyó un disparo que no dio en el blanco y la voz de uno de los pasajeros que le ordenaba a seguir instrucciones. Logró volver a entrar a su casa y por la mirilla de la puerta pudo ver el número de la placa del auto. Llamó a un amigo en el ejército que le proporcionó un departamento desocupado y abastecido con suficientes víveres para unos meses. Se le hizo saber que no debía ausentarse del departamento ni usar el teléfono. Recibí su llamada dos meses después cuando la policía había descubierto y aprehendido a los responsables.

En ese tiempo yo había adquirido un Renault 12 que me llevaba de una a otra escuela a tiempo para la siguiente clase. Lamentablemente no me atrevía a usar el coche con frecuencia, especialmente de noche por temor a los asaltos.

Oda al Amor

En el año 1971, después de separarme de mi primer esposo, José, mi traslado de Mar del Plata a la capital federal de la Argentina me permitió vivir la vida en su plenitud. Con mi diploma de profesora de inglés, no tuve dificultad de encontrar empleo en varias escuelas secundarias. La suerte también me sonrió cuando comencé a dar clases particulares en mi nuevo departamento en Martinez. El Liceo Cultural Británico, donde daba uno o dos cursos después de mis clases en las escuelas del estado, me proveía de alumnos que querían acelerar el aprendizaje del idioma.

Trabajo nunca me faltó en esos años. Amaba la enseñanza. Mi esfuerzo, si bien no era bien remunerado, me daba muchas satisfacciones. Mis alumnos eran respetuosos y muy agradecidos por mi dedicación. Muchos necesitaban el idioma inglés para emigrar a los Estados Unidos. Otros tenían que aprobar un curso del idioma en alguna universidad de Buenos Aires.

Era feliz en el salón de clase, pero desdichada al salir al exterior. El caos y la corrupción reinantes en Buenos Aires en la década de los años 70 aterraban a los habitantes de la capital y alrededores.

Mi existencia en esas condiciones no tenía sentido, y yo soñaba con un cambio drástico en mi vida. Lejos estaba de imaginar que ese cambio se produciría en un futuro muy cercano.

Un Golpe de Buena Suerte

En 1976, cinco años después de mi separación de mi primer esposo, seguía en Martinez. Mi amigo Armando, con quien salía de tanto en tanto, era un muchacho bueno y noble pero no tomaba una decisión formal con respecto a nuestra relación. Me sentía muy sola y asustada por la situación tanto económica como política. Los fines de semana visitaba a mi amiga Frances O'Reilly en el Hospital Británico. La había conocido en Mar del Plata cuando se cayó y se rompió una cadera. Ya era anciana y debió permanecer en el hospital por cinco años. Una mujer que había participado en la segunda guerra mundial, despertaba interés no sólo por sus anécdotas personales sino por sus conocimientos de arte y literatura. Mi inglés mejoraba notablemente ya que Frances no hablaba bien el castellano.

De lunes a viernes, mi padre, casado por segunda vez después del fallecimiento de mi madre, y yo solíamos almorzar en un restaurante frente de la estación del ferrocarril Belgrano en Buenos Aires. Él trabajaba en las inmediaciones, en la oficina Protexín y yo disponía de suficiente tiempo al mediodía para acercarme al Ciervo de Oro.

Mi amor por las lenguas me llevó a emplear los sábados, mis únicos días libres, a estudiar el italiano en la Dante Alighieri a unas ocho cuadras del restaurante. Las clases terminaban a las 12, hora en que mi estómago me indicaba que era hora de comer.

Llovía a cántaros un día 30 de octubre de 1976. A pesar de los charcos en las veredas que me obligaban a saltar de baldosa a baldosa, las cuales eran flojas en su mayoría, decidí caminar las cuadras que me separaban de un reconfortante almuerzo en el restaurante habitual. Mi padre no trabajaba los sábados pero yo iba dispuesta a compartir mi soledad con un diario del kiosco de la esquina.

Después de luchar con el paraguas para que el viento no me lo arrebatara de las manos, suspiré aliviada al llegar a un lugar seco. Me acomodé en una mesa frente a la puerta y leí los encabezados de la primera página del diario La Opinión. *Más desaparecidos. La cantidad de muertos por la violencia llega a una cifra alarmante. Más tiroteos en la capital federal.* Las malas noticias no cesaban.

Cuando se acercó el mozo pedí mi comida favorita, arroz a la cubana con huevo frito y banana. Muchos años después me enteré que ese era un invento argentino ya que en Cuba no se conocía dicho plato. Esperando la comida, me dispuse a leer noticias sobre el avance de la tecnología cuando percibí la figura de una persona a mi lado. Al levantar la vista vi a un desconocido, un caballero de pelo blanco vestido de traje y corbata y con vendas en ambas manos. Me preguntó si yo daba clases de inglés. Contrariada por esa inesperada invasión de mi privacidad, le contesté afirmativamente y le di mi número de teléfono. Si bien el hombre inspiraba confianza, las noticias me interesaban más que él.

Más tarde me arrepentí de haberle dado mi número de teléfono a un desconocido. La rutina cotidiana disipó mi temor y por unos días me olvidé de las palabras cruzadas con ese señor hasta que él me llamó para invitarme a almorzar el sábado siguiente. Quería ultimar detalles sobre las lecciones de inglés. Le agradecí la invitación y quedamos en vernos en el restaurante Ciervo de Oro.

El Ciervo de Oro

Con trepidaciones asistí a la cita. Por no querer deberle nada a este hombre fui almorzada. Él ya no tenía las vendas y me explicó que se había caído por la escalera en la casa de una paciente que había ido a visitar. Conversamos de muchos temas pero no llegamos a ningún acuerdo sobre las clases de inglés. Esperé a que él terminara de comer.

Como todos los sábados, yo iba a visitar a mi amiga al hospital. Había un sol radiante con unas pocas nubes blancas que asomaban en el horizonte diáfano de la tarde. Los pasajeros, muchos de ellos de origen europeo, se paseaban por el andén disfrutando del sol de la primavera. Él me acompañó a la estación y mientras yo esperaba el tren, me hacía toda clase de invitaciones, entre ellas al Teatro Colón. No acepté ninguna y al acercarse el tren, con un dejo de tristeza me dijo, *Ud. me cierra todas las puertas.* Pidiéndome que lo llamara, me entregó una tarjeta con su nombre y número de teléfono. *Dr. Jaime Muro Crousillat. Médico Psiquiatra.* No le prometí nada. Nos despedimos con un apretón de manos.

Llamada

La siguiente semana, en una de mis clases, no sé por qué razón se cruzó por mi mente la imagen del Dr. Muro Crousillat. Recordé el comentario que hizo al mirar el despejado cielo azul de primavera, *Qué hermoso cielo. Yo soy del Perú. En Lima nunca se puede ver un cielo como éste. Siempre hay nubes y neblina.*

Evidentemente sus palabras no habían caído en el vacío y decidí llamarlo. Pensé que seguramente me contestaría su mujer y que él solamente buscaba una aventura. Al regresar del Liceo Cultural Británico, a las 21 horas disqué su número. Era él quien contestó. Conversamos por espacio de tres horas al cabo de las cuales me convenció que aceptara una invitación al salir del trabajo el día siguiente.

La cita era para las 20:30 del 11 de noviembre de 1976, en una esquina de la calle Alvear de la localidad de Martinez, a media cuadra del Liceo Cultural Británico. A la hora señalada me dispuse a esperar a mi festejante debajo de una cornisa del negocio de la esquina protegiéndome así de una llovizna fina, tiempo característico de la primavera en Buenos Aires. Pensé que lo esperaría unos minutos ya que él venía de su consultorio en la capital y la puntualidad de los trenes dejaba mucho que desear. A las 20:45 estaba a punto de perder las esperanzas cuando lo vi en la vereda de enfrente caminando lentamente mientras miraba vidrieras. Mi corazón latía con fuerza cuando se acercó a mí. Su demora se debía a que se le había detenido el reloj. La suerte estaba de nuestro lado.

Fuimos a un café de la estación Martínez a tomar una bebida y conversar. Me enteré que tenía unos cuantos años más que yo, 53 años según él, y que su mujer lo había abandonado llevándose a sus tres hijos. Hablaba el castellano con propiedad y corrección, pero con un acento que no era el porteño. Me di pronta cuenta que estaba frente a un hombre con muchos conocimientos de pintura, música y literatura, lo cual indicaba un alto nivel educativo. Inspiraba confianza. Entre otras cosas me contó que había varios médicos del Hospital Borda que habían desaparecido. Dadas las circunstancias no me quedó la menor duda de que eso sería cierto.

Nuestra conversación estaba muy interesante, pero se hacía tarde. Como mi departamento quedaba muy cerca de allí, me preguntó si yo le permitiría acompañarme. Caminamos unas cuadras bajo la llovizna y poco antes de llegar me preguntó si yo le podría mostrar el lugar donde le daría clases de inglés. En ese momento no tuve objeción. Ya mis dudas se habían disipado. Había bajado mis defensas.

Un Encuentro Feliz

De no tener compromisos mis hijos o yo, nos reuníamos el domingo a almorzar juntos en el Ciervo de Oro. Cierto sábado, para ser exactos, el 30 de octubre de 1976, observé que en el otro sector del restaurante, había una joven sentada en una mesa y que me llamó, ciertamente, la atención. Le dije a Jorge, el mozo que atendía mi mesa, en son de broma:

"Aquella dama inglesa, qué raro que no tenga las agujas de tejer en las manos, porqué no la invita de mi parte a venir a acompañarnos a nuestra mesa"

Jorge se disculpó enseguida.

"Doctor, no puedo", me contestó. "Está en el sector del otro mozo. No quiero que crea que le quiero quitar el cliente. Además, la señorita no es inglesa. Habla otro idioma. Pero sí sé que da clases de inglés. Aquí se reúne con su padre que viene, según creo, de su oficina y eso pasa todos los días".

Entonces yo me incorporé, me acerqué a la mesa de la dama y le pregunté si daba clases de inglés. Ella me dijo que sí.

Le pedí su número de teléfono. Ella me lo dio, volví a mi mesa, y la señorita se levantó y se marchó. Cuando la volví a ver una semana después, me extrañó que no aceptara mi invitación para almorzar conmigo. Al acompañarla a la estación del ferrocarril en frente del restaurante, le propuse un sinnúmero de invitaciones con la esperanza de entablar una relación amical. A todas me decía que no. Alcancé a darle mi tarjeta cuando estuvo a punto de abordar el tren. A los pocos días me sorprendió su llamado, pues yo ya no lo esperaba.

Yo estaba encandilado con esta joven desde el primer momento que la vi. Quedamos en encontrarnos el día siguiente, el 11 de noviembre de 1976, a las 20:30 horas, en la esquina del Liceo Británico, donde ella era la directora. El día siguiente, a la hora de la cita, mi reloj se había detenido a las 20:00. Yo hacía tiempo y me paseaba esperando que fuera la hora, hasta que comprobé que mi reloj estaba detenido. Por suerte, la vi en la esquina donde me esperaba. La invité a tomar un café y después le pregunté si podía conocer su vivienda, ya que debía saber dónde ir para tomar clases de inglés. Subimos a su departamento y conversamos toda la noche.

Segunda Parte: Niñez
Tiempos Difíciles

En mi niñez, mis padres y yo vivíamos en Quilmes, a 20 kilómetros al sur de la capital federal de la República Argentina. A una cuadra, la Villa Argentina albergaba a los trabajadores de la Cervecería Quilmes, famosa por su cerveza. Los niños de la villa y alrededores acudían a la Escuela Número 30. Única hija, mi infancia transcurría en un hogar con pocos estímulos para disfrutar de la vida.

1940-1945. Era la época de la Segunda Guerra Mundial. Antonio Probst, mi padre, alemán serio y trabajador, arquitecto recibido en Alemania, tenía que sortear muchas dificultades para conseguir trabajo muy por debajo de su nivel. Perón había clausurado todos los establecimientos bajo la dirección de alemanes. Mi padre no estaba exento de discriminación. Jornadas duras y difíciles lo forzaban a levantarse antes del amanecer para trasladarse a la capital federal por medio de varios medios de transporte. Caminaba a la estación del ferrocarril que quedaba a unas cuantas cuadras de nuestra casa. De allí tomaba el tren que lo dejaba en Constitución, la estación terminal del Ferrocarril General Roca, 20 minutos después. Dependiendo del lugar de trabajo, debía tomar el subterráneo y a veces un colectivo. Cansado, volvía a casa a las 21 horas. Esa era su vida diaria. Los sábados y domingos trataba de ponerse al día con los quehaceres que lo aguardaban. En un pequeño jardín al fondo de la casa teníamos unos pocos pollos, conejos en jaulas, y palomas, todos los cuales nos sacaban de apuros cuando la comida escaseaba. El aseo y limpieza del lugar demandaban sudor y tiempo.

Criado en Alemania en un hogar en el que cada miembro de la familia estaba obligado a seguir una línea de conducta de trabajo y abnegación, mi padre no sabía expresar amor por sus seres queridos. No conocía el valor de palabras edificantes o la dulzura de una caricia para su hija o su mujer. En una oportunidad, mi madre se había cansado de lavar mi larga cabellera dorada y me la hizo cortar. Cuando me vio mi padre, no dijo una palabra y no nos habló ni a mí ni a mi madre hasta que el cabello era suficientemente largo para hacer trenzas.

Sin embargo, eso no le impedía tener un sin-número de valores espirituales que manifestaba con su generosidad. Cuando lograba ahorrar unos pesos para obsequiarnos con una palta o unas cuantas frutillas, decía que a él no le gustaban, cosa que yo no creía. Traía un paquete conteniendo la fruta y con una tenue sonrisa lo dejaba en la mesa de la cocina. Nunca lo vi probar una sola frutilla.

También tenía altos valores morales. Por algunos años trabajó para Perón. En aquellos tiempos fue contratado como arquitecto por una empresa conducida por el ministro de economía. La corrupción desenfrenada de la época contribuyó a que los altos directivos de la empresa se sirvieran del dinero del pueblo, guardado en una caja fuerte a la que muchos tenían acceso. A mi padre se lo invitó a que sacara la cantidad de dinero que quisiera. Después de la caída de Perón en el año 1955, los miembros de la Comisión Investigadora no podían creer que mi padre nunca había tocado un centavo. Como él decía, él no se merecía un dinero que no se había ganado honradamente.

Hertha Probst, mi madre, descendiente de alemanes, había nacido en la Argentina. Siempre procurando tener la casa limpia y la comida hecha a tiempo, la consumían los quehaceres domésticos. Además de las tareas del hogar, el cuidado de mi abuela paralítica y ciega requería mucho tiempo y esfuerzo. Mi tía Érica no quería comprometerse ya que decía que su marido, un profesor de la universidad con un buen sueldo, no quería a mi abuela en su casa.

A la hora en que llegaba mi padre del trabajo, la cena estaba servida. Mi abuela, que no se llevaba bien con nadie, ya dormía en su cama. El silencio durante la cena era abismal. Mi madre, siempre en su propio mundo, y mi padre, siempre parco. Nadie hablaba, y yo no veía el momento de ausentarme de mi casa.

Accidentes

Traviesa, tuve tres accidentes que pudieron ser de gravedad. A los tres años podía alcanzar la mesa de la máquina de coser. Mi madre me había advertido del peligro de las tijeras. Ese cable flojo de corriente eléctrica que pasaba por la moldura de la habitación era una tentación. Las tijeras estaban a mano y no titubié en tomarlas y rápidamente, antes de que mi madre se diera cuenta, corté el cable. El piso era de madera y a mí no me pasó nada, pero la tijera sufrió un serio problema. Se había hecho un agujero en las cuchillas.

Por la misma época del accidente anterior, aún no había asfalto en la calle que pasaba por mi casa. La zanja sucia y maloliente de aguas negras era el tema de todo el barrio. El triciclo que me habían prestado me motivaba a pedalear a toda velocidad sin prestar atención por dónde iba. Si no hubiera estado Tante Kratje, la madre de Cristiana, en la calle, nadie hubiera sabido de mí. Ella me sacó con triciclo y todo de las aguas inmundas y ennegrecidas de la zanja.

El tercer accidente ocurrió cuando tenía cinco años. Tenía mucho fastidio cuando mi madre me encerraba en el baño con puerta de vidrio inglés cuando no me comportaba. En un arranque de furia di un puñetazo al vidrio que se quebró en varias partes. Mi muñeca de la mano derecha quedó aprisionada. La sangre corría a borbotones y mi madre me llevó corriendo al hospital. La cicatriz que quedó aún está visible después de tantos años.

Mi Niñez

Siempre o alguna vez, hace tiempo, mucho tiempo, pensé escribir un libro. Éste libro trataría del mar porque el mar ejerció, o ejercía entonces una gran atracción sobre mí por su inmensidad y tremenda belleza. Ignoraba las razones por las que se debía familiares fallecidos que estaban dentro del ésto. Después, cuando ya me recibí de médico, mi madre me aclaró ciertas cosas que me hicieron pensar porqué el mar tenía ese poderoso atractivo sobre mí, por lo menos, eso creo.

No voy a llamar a esto 'memorias' porque solamente son recuerdos. Memorias solamente las escriben los grandes hombres que tienen cosas muy importantes que decir. En cambio yo no tengo nada importante que decir. Yo llamaría a éstas cosas mis recuerdos, menos que recuerdos, retazos de recuerdos porque son pantallazos que vienen a mi mente de vez en cuando. Yo a veces los vivo o los resucito con toda claridad y con tal nitidez que me dejan asombrado.

Dicto estos recuerdos porque me cuesta mucho trabajo escribir ahora. Mi esposa Gerty, mi ángel de la guardia, me sugirió que las dictara en un grabador. Ella, de ideas siempre prácticas, precisas y justas, las pasaría a la computadora. Esto ha facilitado enormemente en mí la penosa y pesada actividad de escribir a mano. Después de terminar el relato de lo que fue mi vida antes de conocer a Gerty, le sugerí que escribiera nuestras memorias ya que ella estaba al tanto de toda mi vida.

Eleodoro Muro, mi padre, provenía de una familia muy adinerada. Mi abuela Prudencia Pacheco y el abuelo Francisco Muro Niño Ladrón de Guevara tuvieron varios hijos de los cuales Eleodoro Muro Pacheco, quien se casó con María Antonieta Crousillat Cabrejos, fueron mis padres. Familia muy católica, se aferraba a las tradiciones cristianas de la época. Cuando niño, yo quería jugar con otros niños de mi edad pero no de mi condición. En una oportunidad mi padre me vio con un amigo proveniente de la clase pobre. Eleodoro Muro Pacheco me llevó a la casa y me hizo vestir con ropa especial de domingo cuando íbamos todos a misa. Cuando le pregunté por qué no podía jugar con ese chico, mi padre me dijo que me lo explicaría cuando llegáramos a la iglesia. Allí me mostró las tumbas de los familiares fallecidos que estaban dentro del perímetro del recinto religioso, y me dijo:

"Éstos son tus antepasados y fueron sepultados aquí con la bendición de Dios. Ese amigo tuyo no tiene ningún miembro de su familia enterrado aquí."

Tenía una tía, la tía Consuelo, una prima de mi madre, que vivía en la montaña. En el Perú la montaña se le llama al departamento de Loreto que es la selva del Perú. El Perú se divide en tres regiones - costa, sierra y montaña. La costa está a lo largo del Océano Pacífico, la sierra sigue a continuación, y la montaña es la zona selvática. Yo nací muy cerca del mar. Casi diría que nací a 50 metros del mar en una casa que mi familia alquilaba en verano, en la ciudad de Eten o Puerto de Eten situado a unas 15 millas de Ferreñafe. Dicen que nací a las 6 de la tarde un dia 7 de febrero de 1920. Ahora tengo 88 años no cumplidos. Los cumplo justamante el 7 de febrero. Hoy es 1 de enero de 2008.

Ésta tía Consuelo, siempre tan Buena, delicada y fina, cada vez que me veía me decía: "Hijito, tu eres un milagro," pero nunca me explicó el significado de esa palabra 'milagro' hasta que un día mi madre me lo aclaró, años después cuando yo ya me había recibido de médico. Cuando se lo preguntaba antes de esa época nunca me quería aclarar nada. "Con el tiempo ya sabrás. No es tiempo todavía."

Kristel Kratje

La casa de Cristiana (traducido del alemán Kristel), a diez pasos de la mía, era un imán. Mi amiga de toda la vida había nacido nueve meses antes que yo. Casi desde que pude dar mis primeros pasos yo corría a su casa. Ella, también hija de alemanes, me entretenía con juguetes que mis padres no podían comprar. Su madre, Tante Kratje, una mujer alegre y con buen sentido del humor, me ofrecía su casa a toda hora del día. Mi felicidad radicaba en pasar horas y a veces días enteros con la familia.

A los seis años, Cristiana comenzó la escuela primaria. Las clases comenzaban en marzo y ella cumplía años en enero. Yo, en cambio, había nacido en octubre del mismo año. Por lo tanto no tenía la edad apropiada para asistir a la escuela.

Extrañaba mucho su compañía y cuando la veía pasar toda de blanco con un delantal limpísimo y almidonado sentía un gran pesar. Yo también quería ir a la escuela que quedaba a una cuadra de nuestras casas.

Un día salí corriendo detrás de Cristiana.

Kristel, warte! Ich komme mit! Espérame. ¡Yo voy contigo!

Mi madre me buscaba por todo el barrio, pero cómo iba a imaginarse que me había escapado para ir a la escuela. Mi cabello me delató. Una vecina de la vuelta de casa había visto a dos niñas, una de cabellos negros enrulados y la otra de trenzas pelirrojas, dirigirse hacia la escuela.

Al día siguiente mi madre habló con la directora de la escuela 30. Le explicó el problema y la dirección accedió a que yo me uniera al grupo del primer grado siempre y cuando no fuera tiempo de inspección, que se realizaba dos o tres veces al año. En caso de que los inspectores pasaran por la escuela, yo debía esconderme en el jardín de infantes.

Así fue cómo mi compañera de juegos se convirtió también en mi compañera de clases. Cristiana y yo compartimos el banco escolar en toda la escuela primaria y secundaria. Era ella la que en muchas ocasiones me salvaba de situaciones desagradables cuando los demás niños se reían de mí por no poder hablar el idioma castellano. Asimismo se burlaban de mis medias remendadas y mis vestidos hechos de retazos de tela de colores que no combinaban. Mi complejo de inferioridad fue aumentando hasta perder toda la confianza en mí misma. Por muchos años debí luchar contra una vocecita que decía, *Se están burlando de tí,* al escuchar risas a mis espaldas.

La Familia Kratje

Me divertía en la casa de Cristiana y su familia. Tante Kratje siempre procuraba hacernos pasar un rato agradable. Nos llevaba al parque de la Cervecería Quilmes, a una cuadra de distancia, jugaba con nosotras como si fuera una niña más y nos cosía elegantes disfraces de Carnaval. Vestirnos de Húsares con el uniforme azul, botas blancas y gorro con un penacho dorado, o de españolas con amplios vestidos largos nos enloquecía de contentas.

Los hombres de la casa de Cristiana, el padre, Onkel Kratje, y dos hermanos mayores, no se veían mucho ya que se pasaban todo el día trabajando en la ciudad. De todas maneras, yo era acogida por todos ellos como un miembro más de la familia.

Todos los vecinos del barrio, inclusive el dueño del almacén a media cuadra, eran alemanes. Había otras chicas de nuestra edad y la madre de una de ellas reunió a un grupo para enseñarles a bailar el valtz Danubio Azul, que presentamos en una fiesta en la casa de Cristiana. Era una época de la pre pubertad que nunca olvidamos. Los problemas llegaron con la revolución de hormonas.

Unas niñas alemanas de otros barrios nos invitaron a tomar parte en ensayos de óperas dirigidas por un italiano recién llegado, Gianni Rinaldi. Nuestras buenas voces y oído para la música motivaron al director a invitarnos a cantar en el coro. Gianni, un muchacho encantador unos años mayor que yo, incentivaba mi fantasía juvenil a soñar con él. Un beso a escondidas en una fiesta familiar arrojó fuego al incendio. Soñaba con él hasta con los ojos abiertos. Mi gran desilusión fue cuando el coro se disolvió y ya no tuve oportunidad de ver a Gianni. Mi secreta admiración por Gianni pasó inadvertida y mi encandilamiento, al olvido.

Cristiana se enamoró de Roman Kiczka cuando aún no había cumplido 15 años, romance que perduró a través del tiempo ya que en el año 2008 cumplieron 50 años de casados. Yo, en cambio, había cumplido 16 años cuando me enamoré de los ojos azules de José Janosik, un compañero de trabajo de Roman en la carpintería donde ambos estaban empleados. También a los 16 años, Rosemarie, una de nuestras amigas del barrio, conoció a Fernando García, amigo de José. Mi padre me prohibió terminantemente ver a José por un año, pero yo siempre encontraba la oportunidad de reunirme con él.

Con la alarma de nuestros respectivos padres, las tres niñas anunciamos nuestra decisión de contraer matrimonio en una fecha cercana. A los 18 años, celebrábamos nuestros casamientos el mismo día del mismo año, el primero de marzo de 1958.

Gertrude Probst Muro

Cristiana y Gertrude en el Carnaval de 1952

Tercera Parte: Primeras Experiencias
Mi Primer Matrimonio

José, el mayor de los tres muchachos, contaba con un bonito chalet en un barrio relativamente nuevo en Bernal, en los alrededores de la capital federal, que él había ayudado a construir. El último hijo de inmigrantes checoeslovacos, José no tenía más que instrucción primaria, y carecía de visión que le permitiera abrirse camino a horizontes mejores. Los trabajos de carpintería eran escasos y mal pagos. Sin progresar con la carpintería, decidió comprar un camión viejo con el propósito de repartir kerosene a negocios y casas particulares que usaban ese combustible para calentar los ambientes. Tampoco ese negocio resultó.

Yo me aburría al terminar los quehaceres domésticos. Tenía mucho tiempo sin saber qué hacer. Después de dos años de casada busqué un empleo como secretaria en una compañía de importación sin percibir un centavo por tres meses. La compañía quebró y yo me encontré sin trabajo hasta que me ofrecieron un puesto como maestra de inglés en una pequeña escuela primaria en el partido de Quilmes, provincia de Buenos Aires.

Después de tres años en nuestra primera casa, un cuñado de José nos ofreció formar una sociedad con el propósito de comprar un hotel en Mar del Plata. Con gran pesar nos desprendimos de la casa para reunir el dinero necesario y comenzamos una nueva aventura al trasladarnos a la hermosa ciudad turística a orillas del océano Atlántico.

Dos Errores en Mi Vida

Buscando comprar una lapicera entré en un negocio de artículos de escritorio y compré una Schaefer. La joven que me atendió me resultó muy agradable y muy atenta. Tenía un marcado acento francés. Se llamaba Janine. Era francesa Alsaciana de origen alemán. Me recomendó la lapicera que buscaba. De paso la invité a tomar un café cuando saliera del trabajo. De esta manera empezó un flirt que con el tiempo se convirtió en algo más serio.

Después del café acompañé a Janine a su casa. Vivía en Victoria, a unos kilómetros de Retiro. Nos veíamos casi diariamente y así continuaron las cosas hasta darme de cara con la noticia de que Janine estaba encinta. Yo no esperaba ni deseaba, por entonces, tener un hijo, y menos, en la calle, como se dice. Había que casarse y entonces hicimos un pacto para el futuro. Como los dos teníamos sueños inalcanzables o irrealizables, quien lograra su objetivo dejaría al otro en libertad de divorciarse.

Nació mi hijo, que se llamó Ricardo (Ricky). Mi madre quería conocer a su nieto. Cuando Ricky cumplió 3 años, en una de mis visitas anuales que le hacía a mi madre, llevé a mi hijo y a Janine para que conociera a su abuela en su casa de Miraflores, Perú. Cuando llegamos a la casa, tocamos el timbre y salió a recibirnos mi hermano Víctor, el último de los 7 hermanos que habíamos sido. Víctor estaba casado y separado, y vivía con mi madre y con sus dos niñas.

Janine, al ver a Víctor, se quedó estupefacta y me preguntó quién era. Sin dejar de mirar a Víctor, exclamó:

"Pero Jaime, si es Anthony Perkins en persona".

"¡Bueno!" Le respondí. "Eso dice toda la gente por el parecido asombroso que tiene."

Eso resultó el comienzo de un idilio que empezó desde el primer segundo de conocerse, y que perduró por 40 años, hasta la muerte de Víctor. Mi hijo Ricky, cerca de su abuela, con un hermano mío que hacía de buen padre para él resultó una solución feliz. Según lo pactado, Janine se divorció de mí y se quedó en el Perú.

Con el paso del tiempo, a mí también me tocó casarme nuevamente, no con una Carole Lombard o Michele Morgan, sino con una candidata a Miss Argentina que provenía de una familia de rusos asquenazi. Mi esposa Inés me dio tres hijos varones.

Inés tenía un hermano, Ricardo, (Copete) que estudiaba abogacía y que trabajaba en el estudio de su padre como secretario. Cierto día, leyendo la página policial de la 5ª, nombre popular del diario La Razón, que se editaba dos veces al día (5ª y 6ª), me encontré con la noticia en la sección policial denominada

"SIGUEN LOS ATRACOS", que había sido capturado el capo de una gavilla de robacoches llamado Ricardo G. F. Me quedé prácticamente estupefacto con la noticia.

Con el diario bajo el brazo acudí al estudio de mi suegro donde encontré también a mi dichoso cuñado. Le mostré el diario y le dije lo que había encontrado en las páginas policiales. Sin contestarme se dirigió a su hijo y le dijo:

"¿Te das cuenta lo que has hecho?"

Acto seguido lo castigó al hijo a puñetazos limpios. De una trompada le hizo volar los lentes.

Me retiré entonces y fui a ver al tío de Inés. Le conté también lo que había leído en el diario. Él me preguntó qué creía yo de todo ésto y si yo sabía realmente porqué le había pegado mi suegro a su hijo.

"¡Bueno! Es obvio," le respondí. "Lo castigó por lo que había hecho."

El tío me dijo, "Lo castigó porque se había dejado sorprender por la policía. Él sabía perfectamente lo que su hijo hacía. Los dos están cortados por la misma tijera". No me dijo nada más.

Mi suegro tenía un socio abogado que manejaba sus asuntos. Era el Dr. Miguel Angel De La Vega. A raíz de la muerte de mi suegro, el Dr. De La Vega vino a conversar conmigo y me contó que Ricardo, el hermano de mi mujer, estaba vendiendo todas las propiedades de mi suegro a espaldas de la hermana y de la madre y me sugirió a mí y a Inés que consultáramos con un abogado. Después de muchos cabildeos de la madre y la hija decidieron dejar el asunto de lado y de esta manera mi cuñadito dejó a la hermana en la calle. El resto de la herencia en Buenos Aires la convirtió en una sociedad anónima cuyo gerente exclusivo era él. De ésta manera, el capo robacoches quedó convertido en millonario.

Cierto día desperté a una realidad ajena a mis previsiones futuras, de lo que era yo totalmente ignorante y ciego, y que me condujo a una inmediata separación de mi segunda esposa y el divorcio consiguiente. De esto resultó que mis hijos vivieran en casa de su abuela en la capital federal de la Argentina porque mis días transcurrían en el hospital por la mañana y en mi consultorio por las tardes, que podían prolongarse hasta las 21 horas.

Mar del Plata

Mar del Plata, una famosa ciudad balnearia a cuatro horas de la capital federal por la ruta 2, nos sedujo a José y a mí desde un comienzo. En el verano, miles de turistas se volcaban en las anchas playas en busca de sosiego cuando el calor y la humedad reinantes en la capital federal y alrededores eran sofocantes. Las aguas azules y cristalinas del mar ofrecían un espectáculo encantador junto a los cuidados jardines que bordeaban la costa. Las plazas cultivadas con perfumadas rosas de todos los colores invitaban al peatón a detenerse y descansar en uno de sus bancos. Las calles limpias pasaban por grandes chalets cuyos techos de tejas rojas contrastaban con el color verde de la frondosa vegetación.

Si bien el bullicio del verano aturdía a los marplatenses, muchos lograban reunir una suma respetable en esos meses. Los departamentos y casas estratégicamente ubicados cerca de las playas eran alquilados a los turistas que pagaban una buena cantidad de dinero. El departamento que José y yo compramos cuando quedamos casi en la quiebra por no poder cumplir con los gastos de nuestro hotel, nos sirvió para hacernos de un pequeño capital en el verano. Era inconveniente tener que mudar nuestras pertenencias a una localidad lejos del mundanal ruido, pero salvábamos una situación económica angustiante.

Después de la desastrosa inversión de nuestro dinero en el hotel, José encontró trabajo en una pequeña carpintería cerca del puerto de Mar del Plata. Con el tiempo, se le ofreció comprar el establecimiento. Pensó que era una buena inversión pero su incapacidad y falta de visión para los negocios le jugaron otra mala pasada. Casi no encontraba clientes y las facturas a pagar se hacían montañas en su banco de carpintero.

Mis conocimientos de inglés al llegar a Mar del Plata eran un tanto rudimentarios. Sin embargo, cuando me presenté al colegio Mar del Plata Day School me ofrecieron un puesto de inmediato. La demanda de maestros de inglés obligaba a las escuelas a contratar gente sin títulos. Decidí entonces que era buena hora para reanudar mis clases y conseguí dar con un maestro irlandés, Mr. Sinnott, que tenía un pequeño instituto en la ciudad.

Living English Centre

Con el tiempo, muchos padres de los niños que iban al Mar del Plata Day School querían que sus hijos tuvieran clases particulares conmigo después de la escuela. Muy pronto me encontré con que tenía tantos alumnos en mi departamento que necesitaba un lugar más amplio. El edificio frente al nuestro tenía una oficina disponible. Era un lugar suficientemente grande para atender a 10 alumnos, número ideal para dar clases de idioma.

Alquilé el local y poco tiempo después el alumnado se había puesto tan numeroso que dejé el Mar del Plata Day School para dedicarme exclusivamente a mi nuevo instituto, el Living English Centre. Le pedí a mi esposo que construyera seis cabinas para instalar el mismo número de grabadores, con lo cual mi instituto y laboratorio de idiomas iba a la vanguardia. Mis ingresos se duplicaban rápidamente.

Mi ambición de llegar a ser una excelente profesora de inglés me llevó a inscribirme en la nueva escuela terciaria en Mar del Plata. Fue un camino lleno de obstáculos, pero el sacrificio de cuatro años valió la pena. Después del último alumno de la tarde, y después de haber trabajado en mi instituto de las 8 a las 12, y de las 13 a las 18, una cena rápida me daba las energías necesarias para asistir al colegio todos los días de las 19 a las 22. En 1971, fui parte de la primera promoción de estudiantes del Instituto Municipal de Estudios Superiores de Mar del Plata.

Una Experiencia Cerca de la Muerte

Después de ocho años de casados, José y yo decidimos que era hora de tener hijos. Pasaba el tiempo y yo no quedaba embarazada. El ginecólogo aconsejó que se me hiciera un procedimiento para establecer la permeabilidad de los tubos de Falopio. Para tal fin, necesitaba una inyección antes de la prueba. Como era costumbre en la Argentina, las inyecciones se administraban en la farmacia. Mis últimos alumnos de la tarde eran una enfermera y su pareja, un médico. Al no tener tiempo para ir a una farmacia, le pedí a la enfermera que me diera la inyección de Sertal compuesto. Fue una suerte. No sé si el farmacéutico hubiera actuado a tiempo.

Al salir del baño, perdí el conocimiento. No sé cuánto tiempo había pasado, pero allá a lo lejos oía mi nombre. No quería despertar de un lugar encantador que no pude luego recordar. Después me enteré que mi presión había bajado a cero. El médico corrió por las escaleras de los siete pisos ya que los ascensores estaban ocupados. En su coche logró encontrar Alzatén, el remedio que me ayudó a recobrar el conocimiento. Evidentemente yo era alégica al medicamento.

Desilusión

En el año 1969, el fallecimiento prematuro y repentino de mi madre a los 59 años, mi incapacidad de concebir, y los fracasos económicos de mi esposo contribuyeron a mi depresión. Poco a poco fui comprendiendo que José no estaría nunca a mi altura con su trabajo de carpintería que no daba señales de progreso. Un prestigioso laboratorio y un título de profesora de inglés me habían costado sacrificio y esfuerzo. Poco a poco, también, me daba cuenta que mi enamoramiento de los 16 años había sido fomentado por mi deseo de salir de mi casa paterna y desplegar mis alas. Paulatinamente mi indiferencia hacia José se acentuaba hasta que un día se lo hice saber. Grande fue su dolor, pues él aún me amaba como el primer día. No había divorcio en la Argentina en aquel tiempo, así que nos separamos legalmente.

En 1971, el instituto Living English Centre estaba en su apogeo pero mi estado de ánimo por el fracaso de mi matrimonio, del cual yo me sentía culpable, me hizo reaccionar. Llegué a la conclusión de que no debía quedarme en Mar del Plata. Sabía que podría encontrar trabajo en la capital federal. Llamé a Ruth Martin, una persona conocida y responsable, también profesora de inglés, y le ofrecí la dirección de mi instituto en mi ausencia. Vendí el pequeño departamento que había comprado después de mi separación e invertí el dinero en un departamento chico en la capital.

En Buenos Aires trabajé con ahínco por espacio de unos cuatro o cinco años cuando mi mundo se vio amenazado por la descabellada violencia que se desató en los años 70. Deseaba un cambio radical pero no sabía que mi vida tomaría un giro de 360 grados.

Mi Vida de Estudiante

Salí de mi tierra natal, Perú, a los 22 años para estudiar medicina en la Argentina. Cierta vez, cuando era estudiante, alrededor de las 8 de la noche, estaba cenando en el restaurant Las Papas Fritas. El mozo, que así se le llama en Argentina a la persona que atiende en los restaurantes, me ubicó en la única mesa que quedaba con 4 sillas. Yo llevaba poco tiempo de haber llegado a la Argentina. Había ordenado un bife angosto y jugoso con las clásicas papas fritas de la casa. Cuando miro alrededor del comedor, veo una pareja joven de pié porque el restaurante estaba lleno. Llamé al mozo y le dije que podía traer a esa pareja a mi mesa, invitación a la que accedieron ellos de muy buena gana. En efecto, me levanté para saludarlos y ellos tomaron asiento. Se presentaron como Juan Duarte, servidor, y Elina Colomer. Él era un joven apuesto, buen mozo, de mediana estatura, rubio de ojos azules, y de cabello oscuro. Por mi acento se dieron cuenta que no era argentino. Les conté que venía a estudiar medicina. Ellos pidieron lo mismo que yo. Cuando concluí mi churrasco con papas y mi vaso de vino, pedí duraznos en almíbar que era clásico por entonces. Al terminar, me levanté y me despedí de esta buena gente. Ellos me trataron muy cordialmente. Ya cuando me iba, el joven me pidió que lo esperara. Le pidió al mozo un papel o tarjeta y me escribió una nota y me la entregó. Me guardé la tarjeta y me fui a mi pensión, que me resultaba ideal porque quedaba cerca de Córdoba y Callao, a un paso de la facultad de medicina. Cuando me disponía a estudiar, me acordé de la tarjeta que había guardado en el saco. La tarjeta decía así: CASA DE GOBIERNO. EL SEÑOR MURO TIENE AUDIENCIA. JUAN DUARTE. Firmaba Juan Duarte. Yo no sabía cuánto me serviría ese dato.

Un Encuentro Oportuno

No recuerdo en qué circunstancia conocí al Dr. Alvaro Martínez, quien me resultó muy cordial amigo. Me había llevado a conocer el hospital neuropsiquiátrico de hombres, que por entonces se conocía por el Hospicio de las Mercedes y que posteriormente se llamó Hospital Neuropsiquiátrico Borda. Contaba con alrededor de 20 servicios a cargo de un médico jefe. Cada servicio contaba con 3 o 4 salas de 50 camas cada una. Se calculaba que el hospital contaba con 3,000 enfermos mentales.

Le mostré a un amigo la tarjeta que me habían dado en el restaurante. Muy sorprendido me manifestó que yo había tenido la suerte de conocer nada menos que al cuñado del Presidente Perón. Era el hermano de la esposa de Perón, Eva Perón, líder de los partidarios de Perón, de los descamisados. Me sugirió que acudiera a la presidencia si necesitaba algo.

Desgracia con Suerte

Empezaba a trabajar en un sanatorio. Reemplazaba por las noches a una enfermera que trabajaba de día. Había por entonces dos o tres pacientes que yo recuerde, que eran visitados por los médicos correspondientes. Cierta tarde que yo estaba en el sanatorio cayó un médico que venía a llevarse a un enfermo internado a su sanatorio. El doctor era un cirujano proctólogo, médico de la escuela de Finochieto. Su fuerte eran los descensos pelvi-perineales y anos contra natura.

Al preguntarme qué hacía allí, le conté que trabajaba de enfermero de las 9 de la noche hasta las 6 de la mañana cuidando a los pacientes internados hasta que llegaba la enfermera diurna y el administrador del sanatorio. Me preguntó si yo quería ir a trabajar en su sanatorio y me ofrecía un sueldo con casa y comida.

El lugar era el sanatorio Central de Cirugía. Acepté en el acto y de inmediato su proposición. Me propuso trabajar como encargado de la sala de esterilización. Ahí se desinfectaban los instrumentos usados durante el día en las operaciones. Después de desinfectados se ponían a hervir y se hacía un secado automático. Luego, los instrumentos los transportaba yo en las noches al esterilizador, Autoclave, que era un aparato automático que paraba cuando terminaba su función. Después de que se limpiaban los instrumentos que se juntaban en agua hirviente y una vez secados, eran colocados al calor.

A las 9 de la noche yo ponía en marcha el esterilizador que se detenía automáticamente. Al día siguiente yo ponía en arreglo los instrumentos correspondientes a cada clase de operación.

Cierta noche al tratar de poner en marcha el esterilizador, me di cuenta que no funcionaba. Estaba descompuesto.

Intenté algunas maniobras y luego llamé al electricista del hospital. Pero después de un minucioso examen me dijo que el aparato estaba descompuesto y había que llamar a la casa de los esterilizadores para que vinieran a componerlo. Pero por esto había que esperar hasta el día siguiente. Puse entonces en el aparato una nota que decía ATENCION: El esterilizador no funciona y los instrumentos están sin esterilizar.

Habían programado 8 operaciones para aquel día. La primera por razones de urgencia estaba programada para las 6:30 horas de la mañana. Llegaba la enfermera jefa a las 8 de la mañana. Cuando salía a la facultad a las 7:30 de la mañana, me encontré que hacía una hora que se estaba operando en la sala de cirugía. Una enfermera encargada había puesto en una caja de cirugía los instrumentos para la operación de aquella mañana sin leer el cartel que había pegado en la puerta del esteri lizador porque pensaba que se trataba de una nota que yo había dejado a la enfermera jefa. Me quedé esperando a la caba para explicarle lo sucedido para que ella tomara medidas correspondientes. A la hora siguiente terminaba la operación y se le explicó al cirujano que los instrumentos con los que él había operado, si bien estaban limpios, hervidos y desinfectados, no habían sido pasados por el esterilizador. La caba pidió un compás de espera hasta avisar al director del hospital. Me despedí de ella y me fui a la facultad.

A mi vuelta encontré al Dr. Palzareto, que yo consideraba mi jefe y director del hospital y le informé de todo lo sucedido. En ese momento me comunicó que el director del sanatorio quería hablarme. Pensé entonces que mi jefe no era el director del sanatorio. El director del sanatorio era el Dr. Zabaleta, uno de los primeros cirujanos de la escuela de Finochieto. Me había *hecho buscar horas antes cuando estaba ausente.*

Le aclaré al Dr. Zabaleta que había estado en la facultad de medicina. Mi horario era de 7:30 de la noche a 7:30 de la mañana. No me gustó su tono de mando, aunque era un hombre correcto. Su actitud era fría, si se quiere despectiva, un poco como un militar hosco que se dirige a un subalterno. Me limité a decirle que yo le había informado a mi jefe, el Dr. Calzaretto todo lo sucedido, lo que también él ya sabía. Tenía el temor que la enfermera fuera despedida, lo cual me hacía sentir no culpable de su despido, pero muy apenado. Me quedé callado, y entonces el director me dijo con tono severo, Retírese. Salí de su consultorio y me encontré con el Dr. Calzaretto que me comunicó que el Dr. Zabaleta me había despedido del sanatorio.

No recuerdo ni cuándo ni en qué circunstancia conocí a Irma. Éramos dos seres solitarios que necesitábamos una compañía en pareja. Por eso fuimos compañeros mucho tiempo. Al ser despedido, la llamé y le comuniqué lo que había pasado. Le dije que volvía a la pensión de la Avenida Córdoba. Se apenó mucho, lo que me conmovió, y le propuse que viviéramos juntos, a lo que accedió con mucha alegría.

Me acordé de la famosa tarjeta de Juan Duarte, por lo que fui inmediatamente a la casa de gobierno. Juan Duarte me envió a ver al jefe de la casa militar, un coronel Castro, al que le pidió por teléfono que me atendiera y que me facilitara todo lo que yo necesitaba. Fui enseguida a verlo y le dije entonces que lo que yo quería era ser nombrado practicante en el Hospicio de las Mercedes, pero que yo era un estudiante peruano, y el hospital era una entidad nacional. Me dijo entonces que eso no importaba por cuanto el pedido que iba a hacer era nada menos que una orden del presidente. Le pasé un teléfono del director que manejaba todo lo concerniente al hospicio, llamado Santiago Carrillo, hermano del ministro Carrillo de salud pública. El coronel le comunicó que el presidente Perón tenía interés que el estudiante Jaime Muro fuera nombrado practicante interno del Hospicio de las Mercedes. El Dr. Carrillo le comunicó, acto seguido, que tenía que presentarme al hospital para hacerme cargo del nombramiento enseguida. Todo esto transcurrió en menos de una hora. Me puse al habla con Irma para buscar un dormitorio, si fuera posible, cercano al hospicio. Por una amiga de ella encontramos una habitación justamente en la calle Perú al 1500 y pico por donde pasaba el colectivo 45, que circulaba por la estación Constitución y enfilaba a la calle Vieytes, donde en el número 345 estaba la puerta del hospicio, es decir a 10 minutos de lo que iba a ser nuestro dormitorio. Por Irma había conseguido la dirección de lo que fue por mucho tiempo nuestro dormitorio.

En vista del ofrecimiento del Dr. Santiago Carrillo, me dirigí al hospital donde al llegar, fui recibido muy atentamente por un señor Martínez, que al parecer era el encargado de mi recepción. "

¿El señor Muro, recomendado por la presidencia?" me preguntó.

"Así es señor," le contesté.

"Estoy acá para atenderlo. He acondicionado su dormitorio fuera del pabellón de practicantes y de la Torre porque ya están completos. Se desocupan cuando uno o varios practicantes se reciben. Ya habrá oportunidad para eso."

El lugar que se me había asignado estaba en un servicio, no recuerdo el número y estaba totalmente aislado en un tercer piso, con una amplia cama. Parecía la suite de un hotel con moblaje completo, ropero, cómoda, mesitas de noche, mesa de comedor, etc. Además se me había asignado un asistente, Gregorio, para que cuidase de la limpieza de mi suite y me atendiese en el comedor si no quería comer en el Pabellón. Todo esto me pareció un regalo de la suerte.

El Ojalillo

Concurría a comer al pabellón de practicantes con los demás estudiantes. Tenía un gran salón comedor donde había una enorme mesa con capacidad para 30 comensales o más. Se trataba de un edificio de dos pisos muy amplios donde en la planta baja funcionaba la panadería del hospital y un depósito de utilería. A la hora del almuerzo, entre 12 y 2 de la tarde, venían también algunos "invitados", que por algún tiempo asistían a las comidas. A estos invitados se les llamaba ojalillos. Nunca supe el significado de esta palabra. El Pabellón también contaba con un anexo, la Torre, que tenía otros 10 dormitorios también en un segundo piso, ocupado por practicantes. Todos concurrían al Pabellón principal a las horas del desayuno, almuerzo y cena. Yo tenía la libertad de tener un dormitorio separado donde podía estudiar o descansar en las horas libres durante el día. Por las tardes generalmente concurría a la facultad y por las noches, a diez minutos de distancia, tenía el dormitorio que compartía con Irma, como lo he dicho. Nunca dormí en esa salita.

A la hora del almuerzo, todos los practicantes, así como otros concurrentes habituales concurrían al pabellón principal. Mi primera visita al comedor como practicante nombrado la hice el mismo día de mi ingreso al hospital después de conocer al Dr. Fazio, Jefe de Servicio de Admisión, y desde entonces mi maestro e instructor por cuatro años y así asistí a las primeras entrevistas de pacientes. En el comedor entre los "ojalillos" conocí a un tal Fulano Valdez, que si bien no era un estudiante de medicina, actuaba como si fuera un habitué de importancia. Era cuñado de un practicante. Le decían "Pechito" porque se paseaba inflando los pectorales y actuaba como dueño del comedor. Yo, nuevo, extranjero y recién llegado, no parecía de su agrado y no dejó de mirarme con antipatía que, por mi parte, resultó mutua. En los días subsiguientes comenzaron sus indirectas a los extranjeros indeseables y provocaciones a los que no presté atención e hice caso omiso. Recordaba la frase de mi madre: que para estos casos el mejor escudo para el odio y la inquina era la indiferencia y los oídos sordos. Esta premeditada indiferencia mía me resultaba difícil sostener, pues el único extranjero en el pabellón era yo. No obstante, me mantenía en mis trece, como se dice. Alguien me aportó datos sobre este sujeto, "Haces bien en no darle 'pelota. Es un buscador de 'roña'. Se trata de un alcohólico que no ha podido superar la inferioridad que le produce su estrabismo y ahí lo ves convertido en un maledicente 'atravesado'. Dicen que es soplón y él asegura tener un "acomodo" en aeronáutica". Que se sepa nunca vimos un aviador bizco.

"Debe ser portero o algún amanuense o tener un puestito de "morondanga". No sé porqué no va a comer ahí entonces. Tené cuidado con él. Es un sujeto peligroso." Guardé estos datos a buen recaudo y traté de mantenerlo alejado de mis actividades. También se sabía que cuando el ojalillo hablaba del Profesor que había estado en París y hacía gárgaras con las palabras Profesooooor y Paríiis le estaba serruchando el piso a alguien. Efectivamente, el Dr. Mendizabal, neurólogo de Aeronáutica, había estado un año en París. Se sabía muy poco de él, siempre sedente, nunca se le vio de pié o caminando, frío, indiferente, su incuria provinciana había resistido el año parisino. Apoltronado en su sillón, detrás de sus gruesas gafas, veía el mundo a través de las versiones del ojalillo que supuestamente le rendía una pleitesía inacabable. Para su conveniencia, lo entronizaba en la posición de un supremo oráculo cuyas sapientes palabras eran sentencias incon-

movibles, "El profesor venido de París no se equivoca nunca. Sus conocimientos son profundísimos, etc.", palabras que el ojalillo empleaba con las personas a las que conducía a presencia del profesor, ante el cual él se prosternaba reverenciosamente, deshaciéndose en hipócritas genuflexiones. El profesor era una pantalla que él utilizaba a su antojo como un pelele que manejaba con hilos y a su conveniencia. En efecto, el profesor pronunciaba sus veredictos con tono sentencioso y profesoral, con mirada impasible y si se quiere bondadosa: "se trata de una mala persona, de un mal sujeto, que anda en negocios sucios y asuntos turbios. Además de ser un mal funcionario que anda en cosas raras. Es mal amigo, mal padre y mal esposo." A lo que el ojalillo escuchaba como la purísima verdad.

Una sabia frase de mi madre era "Más se matan las moscas con miel que con palo". Tuve, no obstante, buscando una aproximación, la debilidad de invitar a Valdez a mi casa, invitación a la que accedió, por supuesto, pero que resultó para mí absolutamente negativa, por cuanto yo disfrutaba de la holgura y comodidad de un piso de la calle Santa Fe al 1200, lo que le produjo cierta incomodidad y envidia. No conseguí que cesaran sus diatribas e indirectas injuriosas.

Mi Meta

Decidí estudiar medicina dejando de lado filosofía y letras porque era poca la psicología que encontré, poca la relación con la psiquiatría médica, y porque mi tío, el hermano mayor de mi padre, era considerado en la familia una lumbrera como médico, y para muchos colegas, un genio. Éste buen señor, siendo muy joven, fue a Francia a estudiar medicina. Ignoro las razones por las que fue después a Alemania donde aprendió el alemán en 6 meses. Estudió medicina en Heidelberg y se recibió después de 7 años. Con su título de Heidelberg volvió a Francia donde refrendó su título en francés y volvió al Perú. Después de unos años de estar en Lima, volvió a Chiclayo, la ciudad en donde vivíamos aunque mi familia toda procedía de Ferreñafe, antigua ciudad situada más al norte. Salimos de allí a raíz de la muerte de mi padre que ocurrió en un accidente de ferrocarril, a la edad de 35 años, en el año 1931. Yo tenía por entonces 11 años de edad.

Del Perú fui a la Argentina, donde la carrera de medicina era más corta que en mi tierra. Trabajaba en el Hospital Neuropsiquiátrico cuando era estudiante. Me recibí de médico cirujano y ejercí la neurocirugía por 12 años. Después me recibí de médico psiquiatra y posteriormente de médico legista. Las dos últimas carreras, que eran de 6 años, las hice en 3 años por cuanto muchas materias de estas carreras eran de medicina, cursos que ya había hecho en mi carrera de médico. Entonces las hice en 3 años en lugar de 6. En una palabra, en 12 años, yo me recibí de médico neurocirujano, de médico psiquiatra, y de médico forense, que me llevó el mismo tiempo más un año de lo que me hubiera llevado recibirme en el Perú de médico solamente.

Cuarta Parte: Médico Recibido
Mi Vida Como Médico

Ejercí mi profesión con mucho entusiasmo y con mucha suerte como psiquiatra, no así como neurocirujano. La neurocirugía para mí era una cosa aledaña. Un día estaba yo de guardia en la sala de cirugía y un cirujano pidió un ayudante. Tuve que ser yo. El Dr. Matera encontró muy bien cómo le había ayudado y siempre que iba al hospital, me llamaba a mí y me convertí así en su ayudante todas las veces que llegaba a operar.

Cuando comencé a ejercer mi profesión de médico psiquiatra, los primeros casos que me tocaban eran siempre casos que tenían que ver con la neurocirugía, pero repito, la neurocirugía no es una especialidad que reconforte porque siempre ofrece tremendas dificultades. Los resultados son relativamente pequeños e inciertos y a veces son pocos. Además siempre la psiquiatría me interesaba mucho desde el comienzo de mi carrera.

Con el tiempo, pasé a dirigir como jefe interino, un servicio del hospital cuyo médico jefe estaba ausente por enfermedad. Se trataba del Dr. Suarez Sarmiento. Entonces me propuse a realizar lo que siempre había tenido en mente: tratar de organizar unos talleres de artesanía en un servicio. Por entonces yo daba un curso de psiquiatría a un grupo de jovencitas que estudiaban la carrera de "Terapistas Ocupacionales". Por lo general era un grupo de estudiantes muy jóvenes con un entusiasmo muy llamativo. Reuní un grupo de ellas y les propuse trabajar en unos talleres que pensaba hacer en el servicio que se me había asignado como jefe interino. Se ofrecieron todas para esta tarea, lo que me permitió elegir, entonces, cinco o seis de estas alumnitas bien dispuestas y especializadas en distintas manualidades y artesanías como cerámica, dibujo, pintura y confección de alfombras, etc. A ellas les dejé la libertad de elegir los pacientes con los que quisieran trabajar. Al cabo de un año habíamos reunido una apreciable cantidad de artesanías. El número era de unas 60 artesanías con las que se adornaron el servicio y algunas galerías del hospital.

Invité a la presidenta de la cooperadora del hospital: una señora joven y simpática que prestaba sus servicios al hospital y donaba su tiempo en forma gratuita y generosa sin emolumento alguno. Esta persona tenía muchas relaciones y se quedó maravillada de las cosas que se le mostraron. Se llamaba Martha de los Santos de Bosh. Me dijo que ella se encargaría de hacer conocer el maravilloso trabajo de estas jovencitas. En efecto, realizó un festival de proporciones, realmente inesperado para mí, que superaron mis expectativas y donde asistieron desde el alcalde de la *ciudad y personajes muy importantes como el corredor de automóviles de la Mercedes Benz, Juan Manuel Fangio, campeón mundial por cinco años. Fangio me sugirió entonces que yo tenía que decir unas palabras de agradecimiento a este homenaje que se me hacía. Pensé decir unas pocas palabras en contados minutos acerca de la descripción del trabajo de estas jovencitas tan maravillosas que me habían ayudado en la creación de los talleres, pero resultó mi disertación de agradecimiento en un discurso de más de veinte minutos. En el transcurso del acontecimiento se me acercó el decano de los médicos del hospital, profesor Dr. Ramón Melgar, prestigioso y respetado colega del hospital, quien observó todas las obras en forma minuciosa y reverente, asintiendo con la cabeza, muy satisfecho. Al despedirse de mí, me dijo:*

"Me estoy despidiendo del futuro director del hospital", lo que me dejó pati-

tieso. Fue un día realmente maravilloso para mí.

Al día siguiente las cosas continuaron como siempre. A mi llegada al comedor fui felicitado calurosamente por el presidente de la asociación y por mis compañeros. No así por el ojalillo Valdez, quien se limitó a decir:

"Que tanta batahola y tanto barullo por unos trabajitos que hasta un barrendero puede hacer".

Dos Eventos Dignos de Mención

Yo viajaba a los Estados Unidos con asiduidad. Una vez, estando en Washington, visité a unos parientes míos, una prima hermana Rosita Crousillat. Ella estaba con su esposo, el ingeniero Grieve. Estaba en Washington cuando el Presidente Kennedy había reunido a nueve sabios de América Latina con el fin de formar una comisión con quienes estar en contacto y ver cómo se podían conducir las relaciones con los países de América Latina. Estaban invitados a un besamanos en la Casa de Gobierno, en la Casa Blanca. Me preguntaron si tenía un traje de etiqueta que siempre llevaba conmigo y me invitaron a las 7 de la noche. Ahí conocí entonces al Presidente Kennedy, hombre muy simpático y agradable, alto, buen mozo. La esposa, en cambio, fue una desilusión para mí porque la imaginaba una beldad y no me pareció tal porque tenía los ojos muy separados. Era muy *difícil mirarla a los ojos. Se podía mirar un ojo o el otro por lo separados que estaban. Fue la primera vez que yo besaba la mano de una dama.*

En esa misma visita que hice yo a Washington fui llevado por mis parientes a una casa donde vivía una señora sumamente simpática que, entre otras cosas, tenía una gran mesa llena de objetos de toda clase, tamaño y forma. Yo miraba los objetos, y entre ellos vi un vaso como los que yo había hecho en la época en la que hacía cerámica. Mirando el vaso que tenía los colores negro y rojo, con los que yo trabajaba, me quedé asombrado y pensé que perfectamente yo podía haber hecho ese vaso. Al darle vuelta y mirar el fondo, el vaso tenía mi inscripción. Le pregunté a la señora cómo había llegado a sus manos aquel vaso, y me dijo que una chica argentina, una artista que había visitado un taller en la Argentina había conocido un médico y le había gustado el vaso con el que estaba trabajando. El médico se lo había regalado. Efectivamente, cuando terminé el vaso y le di los últimos retoques, se lo regalé. Ese vaso había ido a parar a Washington en la mesa de la sala de aquella señora que no recuerdo cómo se llamaba ni quién era.

Un Escándalo

A raíz del ofrecimiento que se me hiciera como director del hospital, me encontré que por las tardes, fueran alrededor de las 6 de la tarde, cuando terminaba mi trabajo del consultorio, al salir del mismo escuchaba gritos, no más de 2 ó 3, que decían,

" MUERAN LOS PERUANOS."

Esto no dejó de sorprenderme puesto que por la zona por donde tenía mi consultorio, no abundaban precisamente los peruanos, pero sí curiosamente, esta frase se repetía a la salida de mi consultorio, fuera a la hora que fuera. Es decir que la persona que se ocupaba de estas exclamaciones sabía o estaba informada de las horas de salida de mi consultorio, que no siempre eran las mismas. En vano buscaba alrededor mío a alguien de quien proviniesen estos gritos estentóreos y maledicentes. A esas horas la calle Córdoba estaba muy concurrida. Cierta vez pude escuchar la consigna altisonante muy cerca de mí y a mis espaldas, por lo que me di rápidamente vuelta para encontrarme, de manos a boca, nada menos que con el advenedizo Valdez que me miraba socarronamente. Al verlo y comprender el descubrimiento que me había llevado tantos días de preocupación e intriga, me abalancé rápidamente, perdiendo mi control, el control que hasta entonces había conservado, y asiéndolo por las solapas empecé a sacudirlo furiosamente, vomitando toda clase de improperios contra su persona. Estaba enceguecido, fuera de mí.

A Valdez lo acompañaba un estudiante del hospital, el practicante Timbaldi que no salía de su asombro al ver mi reacción que ni yo mismo reconocía como mía. Evidentemente el ojalillo había conseguido sacarme de quicio y yo le lanzaba toda clase de insultos:

"Feto malparido por el ano, miasma de letrina, gusano fecal, delator inmundo

y deleznable, nacionalista pancista, sorete de gorgojo, alimaña de letrina, etc.
"

A todo esto se había reunido alguna gente ante esta escena inusitada en plena avenida Córdoba, a las 6 de la tarde, en que un hombre abusivo y violento sacudía e insultaba a un pobre hombre transido de terror con los ojos torcidos y desorbitados por el estrabismo. Curiosamente, los papeles se habían cambiado. Yo víctima por tanto tiempo, años, por esta carroña servil y aviesa, estaba convertido en su victimario. Mi cólera no tenía límites. Solamente me faltaba lanzar espumarajos por boca, nariz y oídos. De pronto, y bruscamente recobré mi equilibrio mental y de acción. Solté a este cobarde grandulón y tembloroso y le advertí, apuntándole seriamente con el índice de mi diestra,

"Que no se vuelvan a repetir estos gritos vociferantes. En caso contrario, te juro y pongo al practicante Timbaldi

como testigo, que te rompo el culo a patadas."

¡Santo remedio! Los gritos no se repitieron jamás pero esto no impidió que esta bestia del averno siguiera solapada, y subterráneamente desprestigiando mi nombre por todas partes. Este exabrupto fue el segundo gran error en mi relación con este advenedizo ponzoñoso. Seis años de indiferencia y paciencia se habían echado a perder en un minuto de inconsciencia y desequilibrio. Por un lado no me arrepentía de mi exacerbada reacción, pero de otro lado había echado a perder mi ecuanimidad que con tanta tranquilidad y paciencia había soportado tanto tiempo. Entonces yo había quedado a la misma altura de él. Tuve que atenerme a las consecuencias de esta pérdida subitánea de control de la que caí víctima.

Volviendo al "Ojalillo" Valdez, si uno se olvidaba de su tenebroso curriculum, no dejaba de ser admirable en su puntualidad, si se quiere heroica, de concurrir durante tanto tiempo, a la misma hora de todos los días, la del almuerzo, al comedor, con una gástrica y patriótica devoción, como lo hace un verdadero creyente en sus prácticas religiosas. Valdez comulgaba diaria, asidua, y gratuitamente en el altar del bife y del puchero. Además la ausencia de propinas hacían de estos ágapes, doblemente deliciosos por su gratuidad. Eran realmente auténticos regalos para su decantado nacionalismo gástrico. En realidad, había realizado un verdadero practicantado. Su carrera de "ojalillaje" había pasado por ciertas etapas: empezando como invitado y cuñado, continuó como ex cuñado y más adelante y por "mutuo propio", como comensal permanente sin que nadie objetara esta intromisión. Su proclividad a la calumnia y a la diatriba y demás "mercaderías" impidió seguramente que alguna autoridad o La Gaceta misma lo hubiese nombrado, por ejemplo, decano del "ojalillaje" o tuviese algún título nobiliario como por ejemplo, Vizconde de Morfolandia o Marqués de la Garronerí o Conde de Gratuitolandia. Creo que ha habido un premeditado descuido en omitir estas virtudes del ojalillo Valdez y muchas personas habrían cambiado sus criterios negativos por apreciaciones más positivas sobre él. Pero realmente era admirable que un ojalillo o un Don Nadie, solamente con tupé y desparpajo se había convertido por la asiduidad y la costumbre en un personaje de pecho orondo y aires de propietario como dueño del comedor. Los practicantes nuevos y recién llegados eran recibidos por este Don Nadie con altanería despectiva como si vinieran a usurparle el comedor de su pertenencia. Pero por otro lado, aquellos "amigos míos" que yo había sentido mucho perder, por haber sido inoculados por su lengua viperina tenían la disyuntiva de creer o no sus afirmaciones. Si estos se decidían por la primera opción, no habían sido amigos míos,

realmente, sino simplemente conocidos por casualidad.

Quinta Parte: Tiempos Inolvidables
Nuestra Primera Cita

Un cafecito lleva a otro y cuando nos damos cuenta hemos estado conversando hasta altas horas de la noche. La atracción que yo tengo por él es recíproca. Tengo miedo por él y se lo hago saber. El primer beso me sabe a dulce. Mi sofá cama, aunque estrecho, es protagonista de nuestro primer intercambio de lazos tanto corporales como espirituales.

Los primeros rayos de luz danzan en nuestra almohada. La cálida mano de Jaime en mi cadera y su respirar suave y pausado me dan una sensación de paz y tranquilidad. Su sonrisa al abrir los ojos me llena de ternura. El pequeño pedazo de cielo azul por la ventana de la cocina es un presagio de felicidad.

Quiero pasar otra noche con él pero no le pregunto si vuelve. Nos despedimos con besos y un gran abrazo y se va a su casa. Debe cambiarse de ropa para ir a su consultorio a la tarde. Ya no va al Hospital Borda, donde le propusieron el cargo de director antes de la revolución. Lo han despedido, puesto que lo acusaron de ser un riesgo para el país por aceptar médicos judíos en su servicio. Lo separaron del cargo a pesar de ser vitalicio. Evidentemente los militares tienen su propia agenda. También lo tildaron de comunista, lo cual provoca la risa de sus amigos que lo llaman el marqués por sus gustos refinados y por venir de una familia pudiente del norte de Perú.

Yo me excuso en el colegio donde doy clases por la mañana, pero asisto a mis obligaciones de directora en el liceo por la tarde. Al anochecer mi secretaria, ahora mi amiga de muchos años, me comunica con un dejo de picardía que el Dr. Muro está al teléfono y quiere hablar conmigo. Mi corazón comienza a dar brincos.

¿Hola, Jaime, cómo estás?

Yo estoy muy bien ¿Puedo pasar esta noche por tu casa?

¿A qué hora? Yo salgo a las ocho y media.´

Llego a eso de las nueve. No prepares comida. Un beso.

Suena el timbre y al abrir la puerta lo primero que veo es un enorme ramo de flores. Detrás de las flores está Jaime con una bolsa de almacén llena de alimentos y una botella de vino.

Hola. ¿Te puedo llamar Gerty?

Claro. Lo prefiero mil veces a Gertrudis.

Gerty, tú te sientas y esperas a que termine de cocinar.

Mi sorpresa es grande cuando me doy cuenta que también sabe de cocina. Una deliciosa cena precede a otra noche de amor. Almas gemelas, hemos encontrado paz en una ciudad castigada por la barbarie. Las cenas y las noches juntos se repiten todos los días de la semana y yo espero anhelante su regreso en esos días de tensión y pánico.

Somos felices viviendo juntos en mi departamento, no obstante el constante temor al peligro en Buenos Aires. Sin embargo, no hay que bajar las defensas.

Situaciones de Peligro

Una noche que Jaime y yo volvemos de cenar, al bajar del colectivo, cuando vamos caminando por una calle lateral hacia mi departamento, oímos pasos detrás de nosotros. Es evidente que alguien nos sigue porque cada vez que nosotros nos detenemos, los pasos no se oyen más. Es tarde y ya no hay gente en la calle. En el barrio la luz de las lámparas no puede atravesar la densa copa de los árboles. Corremos y damos vuelta la esquina para refugiarnos en el edificio de mi departamento. No llegamos a ver al individuo pero Jaime tiene sus sospechas. Nunca menciona nada al respecto hasta muchos años después.

Hay muchos cambios en nuestras vidas en estos tres años que vivimos juntos en Buenos Aires. El tiene que vender su casa de Belgrano para comprar otra para sus hijos y la mujer. Los primeros meses vivimos en mi departamento que está muy bien ubicado, cerca de las escuelas donde doy clase, el Liceo Cultural Británico y la estación de trenes de Martinez. Queremos comprar una casa en los alrededores pero antes debemos desocupar la casa de Belgrano, lo cual resulta una proeza.

La casa de Jaime es enorme y cuenta con un sótano a lo largo y ancho de todo el edificio. Porque no tenemos tiempo de día, debemos trabajar de noche en la inmensa mansión. Noche tras noche separamos, clasificamos y rotulamos toda clase de muebles, cuadros, vajilla, cubiertos y utensilios de cocina, porcelanas, estatuas y demás artículos de decoración así como ropa de caballero y de dama. Una mañana esperamos un camión a las 5 para transportar unos muebles. Dada la situación del país, cuando dicho camión se estaciona frente a la casa, un agente de la policía federal que pasa por ahí toca el timbre y nos pregunta qué estamos haciendo. Se lo explicamos pero el oficial sigue pensando que hay algo turbio. Finalmente nos cree cuando Jaime le enseña su carnet de médico. Nosotros nos llevamos un susto mayúsculo.

En otra ocasión, mientras estamos en el sótano oímos un tictac. Por la paranoia que se ha apoderado de nosotros, nos asustamos pensando que es una bomba. No nos atrevemos a movernos y Jaime llama a su abogado a las 6 de la mañana de un día domingo. Después de tranquilizarlo y convencerlo de que no hay motivo para que nadie ponga una bomba en su casa, nos retiramos a descansar a mi departamento. Nunca supimos qué fue, pero no olvidamos el susto de ese momento.

Por fin la casa queda libre y se vende, y Jaime puede comprar una casa para sus hijos, que pone a nombre de los chicos. Ahora podemos comprar la nuestra.

Nuestra Casa en Martinez

Hemos visto un dúplex que nos gusta mucho. No es fácil concretar la operación porque la casa está en manos de un agente inmobiliario que lo ha comprometido de palabra a un cliente. La operación no se ha realizado por una demora por parte del comprador. Jaime, con su locuacidad y con su gran don de gente, convence al agente inmobiliario para que apremie al posible comprador.

Unas semanas más tarde compramos la casa y con mucha alegría nos mudamos allí. Las tupidas alfombras que hacemos poner de pared a pared le dan un aspecto acogedor, y los muebles de categoría, los objetos de porcelana y de plata le dan un toque de distinción. En esa casa tenemos una existencia muy feliz. En mi pequeño departamento, del cual hicimos una biblioteca, hay libros en estantes que van del techo al piso en las dos habitaciones.

Los dos trabajamos solamente por la tarde, él en su consultorio y yo en el Florida Day School donde doy clases de inglés después de renunciar al Liceo Cultural Británico. Tres veces por semana lo llevo a Jaime a la estación Florida desde donde él toma el tren para dirigirse a su consultorio en el centro de la capital. Se nos hace difícil despedirnos después de estar juntos las horas de la mañana. Nos extrañamos y no vemos el momento de encontrarnos a la noche.

Tenemos una perrita salchicha que nos alegra la existencia especialmente cuando juega con el gato. Las fotos que tomamos muestran a Dolly y Mish revolcándose en el sofá del living siempre lleno de flores que Jaime trae de la calle Florida. A eso de las 21 horas yo lo espero con la perrita en la estación Martínez. ¡Qué alegría de vernos y qué felicidad la de Jaime que yo lo espere! Caminamos juntos las 9 ó 10 cuadras que nos separan de la casa poniéndonos al tanto de los pormenores del día.

Casa en Martinez

Paz

En 1978 los terroristas han sido derrotados. La ciudad de Buenos Aires está nuevamente en su esplendor. Las galerías de arte exhiben obras de renombre internacional y el Teatro Colón se ve frecuentado por amantes de la música y el ballet. Las amplias escaleras de mármol conducen a los salones exquisitamente decorados con estatuas de artistas famosos. El color claro del mármol contrasta con el terciopelo rojo de las butacas y cortinado. Es una armonía de colores y elegancia presentados con buen gusto.

Ávidos lectores encuentran literatura de toda clase en las numerosas y modernas librerías de la Avenida Corrientes. En cada esquina del centro de la ciudad, los floristas arman sus kioscos exhibiendo flores de diversos colores y perfumes. Los cafés se ven colmados de bulliciosos consumidores del negro líquido. Buenos Aires ha encontrado nuevamente su ritmo ágil de ciudad cosmopolita.

Una Nube Negra en el Horizonte

Jaime y yo disfrutamos de la alegría de vivir, *le joie de vivre*, hasta que se desata otra tempestad. Hay un conflicto en el sur. Chile y Argentina se disputan las islas Picton, Lennox y Nueva en el canal de Beagle. Chile debe cumplir con ciertas condiciones o la Argentina le declarará la guerra el día 2 de noviembre de 1978. Si bien el problema no pasa a mayores, es la gota que derrama el vaso. Los dos pensamos que sería buena idea pasar un tiempo fuera del país.

Jaime quiere llevarme a los Estados Unidos. Hacemos planes para visitar Miami en el verano de 1979. Yo no estoy muy convencida ya que los argentinos ven con desdén la intervención de los americanos en otros países. Jaime, en cambio, es un admirador empedernido de todo lo que sea yanqui.

Poco antes de nuestro viaje Jaime recibe una carta de un primo médico en El Paso, en aquel tiempo una ciudad sin importancia, desconocida por el resto de Estados Unidos. Por pura casualidad, la carta llega a su destinatario a pesar de que no tenía la dirección correcta y los carteros suelen desprenderse de la correspondencia que les causa algún problema.

Su primo nos invita a pasar unos días en su casa. Jaime consulta con su agente de viajes, Madame Renome, que pone el grito en el cielo al enterarse que queremos visitar una ciudad inhóspita en el medio del desierto en la cual seguramente correremos el riesgo de perder nuestras vidas.

Jaime ya había contestado la amable carta y confirmado nuestro arribo. Hacemos caso omiso a la agente de viajes y soñamos con nuestra partida en enero, vacaciones de verano en la Argentina.

Sorpresa

Enero de 1979. Llegamos a Miami casi al anochecer. Alquilamos un coche. Jaime no conduce ya que nunca aprendió a manejar. Primero en su casa paterna y luego en Buenos Aires, siempre ha tenido chofer. Tendré que manejar yo. Estudio el mapa y emprendemos el viaje hacia Fort Lauderdale. Mi nerviosismo de conducir un auto en un país extranjero cede al ver las calles y rutas muy bien señaladas. Es de noche cuando damos con el pequeño hotel en la playa.

A la mañana siguiente me encuentro con una hermosa sorpresa. ¡Estoy frente al Océano Atlántico! Nunca olvidaré la felicidad que siento cuando desde la ventana de nuestra habitación veo por primera vez un panorama que se grabará en mi memoria para siempre. Mis ojos se detienen en esas playas doradas bañadas por el sol, adornadas por majestuosas palmeras que se mecen en la suave y tibia brisa matinal. Admiro ese inmenso océano Atlántico que se pierde en el horizonte donde se confunde con un cielo salpicado de blancos copos de algodón. El azul intenso del mar contrasta con el verde de la exuberante vegetación tropical. Los edificios blancos resplandecen en la luz del sol y le dan a la ciudad un aspecto pulcro, de inmaculada limpieza.

También me sorprende la amabilidad y los buenos modales de la gente en Miami, que contrastan tanto con la brusquedad y agresión de los porteños en Buenos Aires, una ciudad que parece desbordarse y salirse por las costuras.

La tecnología avanzada que recién empieza a conocerse en la Argentina ya es común en Estados Unidos. Quedamos admirados cuando en una librería encuentran el libro que deseamos en un abrir y cerrar de ojos después de entrar la información en la computadora.

Me asombra el orden del tránsito y admiro las espaciosas avenidas en perfectas condiciones. Todo tan distinto del país en el que nací.

Suspiro cuando pienso que éste es el lugar en el que quisiera vivir. Jaime tiene razón. Si el resto de los Estados Unidos es como este lugar, no me extraña que tantos inmigrantes quieran encontrar su destino aquí.

Después de dos semanas de sol y playa tomamos el avión rumbo a El Paso.

Los Parientes de Jaime en El Paso

El primo Humberto está demasiado ocupado en su consultorio para recibirnos en el aeropuerto. Por lo tanto es su esposa Mickey, una americana rubia de grandes ojos azules quien nos recibe con un abrazo. En un flamante Cadillac blanco nos lleva a su domicilio, una casa redonda en la cima de una montaña.

Nuestra primera impresión de El Paso es negativa. Es pleno invierno y la ciudad parece triste con esos árboles desnudos y grises. No esperábamos pasar frío cuando en Miami tomamos baños de mar.

La primera sorpresa que nos llevamos es cuando nos enteramos que nadie en la familia fuma. Acostumbrados a los cigarrillos que nos acompañan en todo momento en Buenos Aires, nos parece inconcebible que haya personas que prescindan de ese placer. Humberto explica que fumar ocasiona muchos problemas a la salud. Por suerte nos permiten fumar en lo que es nuestro dormitorio. Nos llevará tiempo para deshacernos de ese mal vicio.

Humberto sugiere que nos mudemos a El Paso para estar cerca de su familia. No nos parece una mala idea. Le transmitimos nuestros planes y él le habla a Jaime de la posibilidad de conseguir trabajo en El Paso. Cuando le contamos que yo soy maestra de inglés, Humberto aconseja que me acerque a la Universidad de Tejas en El Paso (UTEP) para averiguar sobre los requisitos para obtener una maestría. Siempre quise seguir mis estudios y la posibilidad de hacerlo en los Estados Unidos me llena los ojos de lágrimas.

Otra sugerencia práctica de Humberto es que nos casemos en la semana que estamos con ellos. Nos parece estupendo. Conseguimos todos los documentos necesarios y llega el día de nuestro casamiento. Mickey y Humberto nos hacen una pequeña fiesta con sus cuatro hijos para festejar la ocasión. Nos despedimos hasta pronto y volvemos a Buenos Aires con la buena noticia.

Chiclayo, Perú

Ni bien llegamos a Buenos Aires de nuestro viaje a los Estados Unidos, en febrero de 1979, Jaime me lleva a conocer a su familia en el Perú. Después de pasar unos días en Lima para visitar a su prima Pilar Barragán y familia, nos dirigimos a Chiclayo, ciudad donde Jaime se crió y donde viven su madre y hermanos.

La mamá, octogenaria, está muy enferma en su casa que ocupa con su hija Aguedita y familia. La anciana señora me cae en gracia desde el primer momento. Sus ojos bondadosos expresan una infinita ternura para Jaime. Supe luego que yo también le agradé mucho a ella cuando le dijo a su hijo: *Gerty es una muñeca, pero es una verdadera mujer.* A la señora nunca le había caído bien la anterior mujer de Jaime.

Por suerte llego a conocer a sus hermanos y familias, todos muy amables y serviciales. Lolo y Tonia, y Palena y Leda nos ofrecen su casa y su amistad. Dos días después regresamos a Lima a pasar unos días más antes de partir para Buenos Aires. Aún recuerdo los mangos perfumados que compramos en un puesto de frutas. Es la primera vez que pruebo uno. Los limones huelen distintos de los de Buenos Aires, y las papayas, desconocidas por mí, tienen un aroma dulce muy especial.

Nuestros Amigos en Buenos Aires

Jaime goza de la amistad y el cariño de personas de toda clase y edad. Su personalidad extrovertida, sus finos modales y su buen sentido de humor son un imán para muchos profesionales destacados en Buenos Aires, y más tarde, en El Paso. En muchas ocasiones antes de conocernos, Jaime era famoso por sus invitaciones de índole culinaria en el Hospital Neuropsiquiátrico Borda a las que concurrían pintores, médicos, músicos y arquitectos.

Inmediatamente después de conocernos, en octubre de 1979, Jaime me presenta a su gran amigo, el Maestro Pedro Calderón, director del Teatro Colón. Todos los jueves Pedro y su mujer Alicia nos invitan a almorzar a su casa. Tanto Jaime como yo estamos eternamente agradecidos cuando nos ofrecen un palco en el teatro.

Pedro, al igual que otros amigos de Jaime, son cocineros gourmet. Diez matrimonios nos reunimos una vez al mes para ofrecerles a nuestros amigos los deliciosos platillos confeccionados por los hombres de la casa. Así es que conozco a Eduardo y Fanny Joselevich, ambos arquitectos, el ingeniero Robert Feraud y su esposa Beatriz, profesora de inglés, y Stephan y Flora Strossen, pintores reconocidos, entre otros.

Una vez cada diez meses, los dueños de casa tienen la ocasión de lucir sus comedores vestidos de fiesta. Los blancos manteles, las botellas de vino tinto, las flores que nunca faltan, la fina porcelana y los cubiertos de plata les dan a los ambientes un toque de elegancia y armonía.

Cada uno de los esposos trata de sobresalir en la fiesta culinaria. Los platos exquisitos de Jaime son peruanos, franceses y otros de origen internacional. Ají de Gallina, Tacu-tacu, papas rellenas y codornices rellenas con pasas de uva son algunos de los deliciosos platos peruanos.

Lamentablemente, nuestras felices reuniónes mensuales pronto llegan a su fin. Todos excepto dos parejas van a buscar nuevos horizontes en Europa donde se forjan una nueva vida que los lleva al éxito.

Es el comienzo de la fuga de cerebros.

Mi Pasión por la Cocina

Me gusta mucho la cocina. La cocina la hago desde mucho antes de estudiar medicina, casi desde los 10 años de edad. Yo tenía que esconderme ya que mis padres no permitían que yo estuviera en la cocina e hiciera tareas por debajo de mi nivel social. Aprendí mucho de las cocineras en mi casa.

Siempre me gustó cocinar y siempre preparaba platos exquisitos para mis amigos que reunía una vez por mes. Cuando me recibí de médico, a mis colegas, 20, entre ellos Ernesto Guevara, que después fue el famoso Che Guevara, les hice un pavo que rellené con 10 perdices que a la vez estaban rellenas. El relleno consistía en una vieja receta familiar. Rellené el pavo con esas perdices y lo horneé. Ese pavo fue una gran sorpresa recibida con aplausos en el comedor de practicantes donde habíamos comido tanto tiempo. Corté las perdices por la mitad, que resultaron 20, para los

20 reunidos. La promoción que se recibió entonces fue de 28 médicos que saborearon la comida preparada por mí.

La Mudanza

De regreso a Buenos Aires, ha llegado el momento de hacer planes para la mudanza. Hemos decidido vender todo excepto nuestra ropa. Consultamos con nuestro agente de la inmobiliaria Casa con respecto a la venta de mi departamento y nuestra casa en Martinez. Leon Caro dice que no habrá inconveniente para encontrar un comprador para ambos.

En julio del mismo año, resolvemos viajar a los Estados Unidos nuevamente para invertir algún dinero en bienes raíces. La agente que nos presenta el primo de Jaime nos ayuda a encontrar los inmuebles que deseamos comprar. Son tres casas en el oeste de la ciudad de El Paso. Quedamos en que ella buscará inquilinos para las casas.

Antes de partir para Buenos Aires, nos proveemos de un gran número de artículos de vestir para amigos y conocidos en la capital. Nos han pedido zapatillas Adidas y ropa de marcas reconocidas. Nuestras valijas están repletas de toda clase de pantalones, blusas, vestidos y ropa interior.

Al regresar a Buenos Aires, nos quedamos sorprendidos cuando en un santiamén amigos y conocidos nos sacan todas las prendas de la mano. Nos damos cuenta que podríamos dedicarnos a la venta de mercadería americana en la Argentina si así lo decidiéramos.

Nos esperan seis meses llenos de diferentes actividades interesantes pero difíciles. Debemos econtrar un hogar para miles de libros apilados en mi departamento, que usamos como biblioteca. Hay libros de medicina, toda clase de novelas, textos de enseñanza del indioma inglés y diccionarios en cinco idiomas.

El Capitán Horacio Pietranera, gran amigo de Jaime y dueño de Ferrilíneas Argentinas, nos compra nuestro automóvil. Una colega del Florida Day School está interesada en todos nuestros muebles. Cientos de estatuas de porcelana y objetos de plata vendemos o malvendemos a amigos y conocidos. Varios espejos peruanos elaborados con oro y plata encuentran un hogar en la casa del capitán.

Nos causa mucha pena tener que desprendernos de nuestra perrita salchicha Dolly y nuestro simpático gato Mish. Nuestros buenos amigos Feraud se encargarán de cuidar a Dolly, pero el gato se queda ya que los compradores de nuestra casa aman a los animales.

Es tiempo de despedirnos de familiares, mascotas y un montón de objetos que eran parte de una vida feliz en Buenos Aires. No somos los únicos que debemos despedirnos. Poco a poco, el éxodo de la mayoría de nuestros amigos deja lugares vacíos en nuestra mesa de reuniones mensuales. Con tristeza, les deseamos muy buena suerte en una nueva etapa de su vida. No queremos pensar en nuestra separación de mi padre y los hijos de Jaime: Andrés de 14 años, Rafael de 9, y Jimmy de 5, pero tenemos la certeza que más adelante los niños tendrán un futuro mejor en los Estados Unidos.

Una mudanza es un trabajo tedioso y difícil, especialmente cuando es a un país extranjero. A pesar de la tristeza de tener que separarnos de nuestras familias, amigos y pertenencias, no vacilamos en nuestra decisión.

Lo que más nos cuesta es conseguir los documentos necesarios. Nos es relativamente fácil sacar las visas para Jaime y para mí – V 2 como acompañante y V1 como estudiante. Lo más difícil y frustrante es encontrar los papeles para la jubilación de Jaime. Llamar a la Caja ANSES es inútil ya que no contestan el teléfono. Cuando después de tanto insistir se completan los trámites, Jaime está contento puesto que se da cuenta que el sueldo de un mes cubrirá los gastos de tres meses en los Estados Unidos.

Después de la venta de nuestra casa, un abogado compra mi departamento para convertirlo en su estudio. El ingreso resultante de la venta se invierte en tres pequeños departamentos en Villa Ballester, una ciudad a unos 30 minutos de Martinez. El agente inmobiliario Leon Caro se encargará de que el alquiler se destine para los gastos de mantención de los hijos de Jaime.

Sexta Parte: Nuevos Horizontes

Un Nuevo Hogar en los Estados Unidos

Diciembre de 1979. Nuevos horizontes, nuevos planes, otro capítulo en nuestras vidas. Finalmente hemos llegado a nuestro país adoptivo. Sonreímos cuando nos acordamos de las veces que decíamos, especialmente cuando tropezábamos con tantos contratiempos en Buenos Aires, que no veíamos el momento de vivir en los Estados Unidos. Hemos alcanzado nuestra meta.

Después de una breve estadía en la hermosa Miami, emprendemos viaje a nuestro destino final. Hay un departamento vacante en la villa de estudiantes en UTEP. Vivimos dentro del recinto universitario, tan cómodo y práctico puesto que está a un paso de los salones de clase, de la biblioteca y de la librería de la universidad. Yo estoy inscripta en el departamento de lingüística y Jaime en el departamento de inglés como segunda lengua. Tanto Jaime como yo nos encontramos muy a gusto con los profesores y con nuevos amigos.

Todos los días estamos muy ocupados. Jaime quiere dar el examen ECFMG, un examen para médicos extranjeros, que le permitirá ejercer la profesión de médico en los Estados Unidos. Además de estudiar con ahínco, yo trabajo en el departamento como ayudante de los profesores de inglés como segunda lengua.

A Jaime no le va bien en el aprendizaje del idioma y sospecha que hay un motivo para esa dificultad de comunicarse en inglés. Puede entender el idioma escrito, pero no el hablado. No obstante, decide viajar a Los Ángeles, California, el único estado que permite un examen oral en castellano. Desdichadamente contrae una fuerte gripe que no le permite pensar con claridad. Después de tres días de ocho horas de examen, se entera que sacó 6.7 puntos, cuando el mínimo es 7. Esa es la única vez que intenta tomar ese examen.

Yo, en cambio, apruebo todas las materias con resultados excelentes. Dos años después de mi ingreso a la universidad me gradúo con una Maestría en Lingüística. Pienso que me gustaría aplicar mis conocimientos en los Estados Unidos. Consigo permiso de Inmigración para trabajar por dos años en una escuela privada en El Paso.

Los tres días que estamos separados cuando Jaime viaja a Los Ángeles afecta mi salud. La mitad de la cara queda paralizada y gracias a la intervención rápida y eficiente del Dr. Boris Kaim quedo bien después de un mes de tratamiento. Yo estoy feliz, pero Jaime cambia de opinión respecto a su deseo de permanecer aquí.

Jaime, tenemos una buena vida en El Paso. A mí me gusta mucho mi nuevo trabajo y me encanta éste país. No me parece una buena idea volvernos a Buenos Aires.

Jaime escucha con atención.

Bueno, nos quedamos. Tú tienes 20 años por delante mientras que yo ya los viví. Te comprendo.

Con los ojos llenos de lágrimas lo abrazo y le agradezco de todo corazón. Nunca más se toca el tema.

Jaime tiene 20 años más que yo, pero eso no impide que seamos muy felices. Por su apariencia juvenil y su espíritu jovial todos creen que es mucho más joven. Él continúa con sus clases de inglés pero el fracaso al final de cada semestre no lo desespera.

Jaime siempre encuentra qué hacer. En Buenos Aires, había desarrollado el Test de Muro, que mide el grado de creatividad de una persona. Trajo todo su material y trabaja sin pausa para afinar el test. En la universidad lo administra a sus nuevos amigos, entre ellos profesores y estudiantes. También se le da permiso para administrarlo en el hospital psiquiátrico de El Paso. Además de leer, escribir, estudiar y trabajar en su test, en casa cocina como los dioses.

Tenemos huéspedes a menudo. Son los profesores del departamento de lingüística y más tarde del departamento de psicología cuando decido embarcarme en mi segunda maestría.

Aunque somos propietarios de tres casas en El Paso, tres años después de nuestro arribo aún vivimos en el recinto universitario. No nos quejamos puesto que es una comodidad tanto para nosotros como para nuestros nuevos amigos que nos visitan con frecuencia.

La vida es buena. Nuestros amigos quedan sorprendidos al escuchar repentinamente *I love you, Gerty.* Yo me sonrojo. Esas expresiones de cariño no son comunes en público, pero la personalidad extrovertida de Jaime no le impide decir lo que está a flor de labios.

Estamos cómodos, pero aún no somos residentes de los Estados Unidos.

Un Segundo Idioma

Para muchas personas aprender un segundo idioma es difícil, pero para otras es imposible. Ese es el caso de Jaime.

A los tres años de edad Jaime perdió sus destrezas motoras y su habilidad de comunicación. Antes de esa edad había sido un niño prodigio que podía recitar poemas y entablar una conversación de persona adulta. Los mejores médicos de Chiclayo, Perú, ciudad donde vivía, les decían a sus padres que nunca podría caminar o hablar nuevamente. No había alimento, ni siquiera leche de cabra, que no devolviera. Estaba tan débil que no podía sostener la cabeza. Una india que había perdido a su bebé le salvó la vida a Jaime. Toleraba la leche de la india, pero no podía caminar ni hablar. Su enfermedad fue siempre un misterio.

Jaime tenía un tío, Francisco Muro, que se acababa de graduar de médico en la universidad de Heidelberg, Alemania. Cuando fue a visitar a su familia en Chiclayo sugirió que lo llevaran a Jaime a la playa todos los días. El calor del sol y la arena hicieron un milagro.

La madre de Jaime irrumpió en llanto al verlo gatear por segunda vez. Jaime no sólo se recuperó completamente, sino que resultó un estudiante ejemplar en la Universidad de Buenos Aires cuando estudiaba medicina. Sólo cuando se recibió, su madre le contó por lo que había pasado de niño.

Jaime tenía una memoria extraordinaria. En la universidad siempre estaba rodeado por estudiantes que querían ponerse al corriente de las explicaciones de los profesores. Tan famoso era por su memoria, que lo llamaban "la enciclopedia viviente". Después de su graduación como médico fue nombrado asistente del famoso Dr. Raúl Matera, pero pronto se dio cuenta que su interés estaba en la psiquiatría. Volvió a estudiar para recibirse de médico psiquiatra y después de médico forense. Trabajó como psiquiatra en el Hospital Borda hasta que lo separaron del cargo, y siguió en su consultorio de la calle Córdoba hasta que nos mudamos a los Estados Unidos.

Jaime tomó muchos cursos de inglés sin resultados positivos. Pensó entonces que su fracaso se debía a que las inyecciones de quinina que le habían aplicado de niño habían afectado el área de Broca.

Nuestros Primeros Años en El Paso

El primer y segundo años festejamos la Navidad con los parientes de mi esposo. Tanto Humberto como su esposa celebran con bombos y platillos. Hay un gigantesco árbol de Navidad con toda clase de adornos colgando de las ramas. Los cuatro hijos reciben regalos a granel, los cuales hacen una montaña tan alta como el árbol. Después de la cena vamos en fila a la sala donde cada uno de nosotros debe abrir su regalo con los aplausos de todo el mundo. Al final de la ceremonia quedan un montón de papeles y cajas de cartón.

Es un tiempo feliz en el que vamos a visitar a los parientes con asiduidad. Aún no tenemos muchos amigos y disfrutamos de la compañía de la familia. Sin duda, ellos también se alegran de vernos. Nuestro departamento no es adecuado para una familia tan numerosa asique somos nosotros los que los visitamos.

Después de la segunda Navidad en El Paso decidimos viajar para esa fecha. Vamos a Buenos Aires a visitar a mi padre, a los hijos de Jaime y a los queridos amigos que dejamos allá. El calor en Buenos Aires para esa fecha es insoportable. Nadie, ni siquiera los comercios o los hoteles tienen aire acondicionado. Extrañamos las comodidades a las que pronto nos acostumbramos en los Estados Unidos. Los teléfonos siguen sin funcionar la mitad del tiempo. A pesar del calor hay cortes de agua y de electricidad. Ya no estamos acostumbrados a ver basura y papeles en las calles de la ciudad. En pleno centro de Buenos Aires siguen abriendo zanjas para colocar quién sabe qué caños. ¿Es que eso va a terminar algún día? Además de la tierra acumulada a lo largo de las veredas rotas hay cualquier cantidad de excremento de perros. Los hay grandes y chicos y de varios colores y olores. Puede hacerse un censo para determinar la cantidad de perros en la zona. Todos dejan sus huellas a lo largo de las aceras. Años más tarde, cuando Jaime ya está entrado en edad, no se puede caminar por las veredas de la capital por temor a una caída fatal. Sin embargo, todo eso pertenece al pasado.

Buenos Aires cambió mucho en los últimos 30 años. Se ha convertido en una ciudad turística por excelencia. Nada tiene que envidiar a ciudades europeas. Con toda razón es conocida como el París de Latino América.

Mi Vida con Mi Esposa Gerty

Mi vida al lado de mi dulce esposa siempre fue muy buena. La conocí en un momento crucial de mi vida. Me habían despedido del hospital Borda a pesar de tener un cargo vitalicio y la madre de mis hijos se había llevado a mis niños con ella. Yo estaba solo en una casa gigantesca que había hecho remozar con el fin de vivir en ella hasta el fin de mis días. Había adelgazado tanto y estaba tan pálido que mis amigos creían que tenía una enfermedad grave. Por distracción me había caído de la escalera en casa de una paciente y me había lastimado las manos, las cuales debí llevar vendadas por un tiempo.

Me enamoré de Gerty ni bien la vi por primera vez. Tenía buenos modales, era bonita, honesta y era muy simpática. Desde el momento que la conocí no quise separarme de ella. Siempre estábamos juntos cuando el trabajo así lo permitía. Ella me apoyaba y me acompañaba en toda ocasión. Estuvo a mi lado cuando tuve que vaciar y después vender mi casa. Me ayudó a superar momentos muy difíciles cuando mi ex mujer no me permitía ver a mis hijos y me causaba toda clase de problemas. Su sola presencia me reconfortaba. Teníamos muchos proyectos y gracias a Gerty se convertían en realidad. Mi padre era germanófilo y me daba cuenta por qué. Es indudable que ese empuje y esa perseverancia en Gerty está en sus genes. Hicimos muchas cosas juntos tanto en la Argentina como en Estados Unidos.

Al despegar el avión en el aeropuerto de Ezeiza di vuelta la página y miré hacia el futuro con muchos deseos de llegar a nuestra nueva patria. Pensaba que podría trabajar como médico, pero pronto me di cuenta que no podría ser. Todos mis años de médico psiquiatra en Buenos Aires no me servían. La Asociación Médica quería que yo hiciera un internado de seis meses en psiquiatría y otros seis meses en pediatría. Por mi dificultad en el aprendizaje del idioma inglés no me era posible hacer el internado. Además no pasé el examen en Los Ángeles. Necesitaba hacer algo más en mi vida.

En Buenos Aires había desarrollado una prueba, el Test de Muro, que consistía en una serie de diapositivas que proyectaba en una pantalla para que el paciente describiera la imagen. Yo había tomado esa prueba a un número significativo de personas de varias profesiones y ramos, siempre con los resultados esperados. El test medía el poder de creatividad en las personas y los resultados eran siempre sorprendentemente acertados. Sin conocer al examinando le podía conocer características de su personalidad que siempre coincidían con lo que él manifestaba. Traje todo lo necesario para seguir tomando esa prueba en Estados Unidos y con el permiso de los decanos del departamento de lin-

güística y psicología logré tomarles la prueba a profesores y alumnos de esos departamentos. Había interés en mi prueba, especialmente de parte de los psicólogos. Desafortunadamente me encontré con obstáculos que no pude sortear. No tenía los medios para validar la prueba y después de tanto trabajo todo quedó en la nada. Guardé las diapositivas y los documentos recabados con la esperanza de poder publicar mi Muro Test algún día.

Gerty seguía estudiando y trabajando con ahínco. Después de dos años de fracasos yo quería volver a la Argentina. Gerty no quiso. Entonces se me ocurrió pensar que por nuestra diferencia de edades, yo tenía 20 años más que ella ,-- le había mentido en Buenos Aires para que no se asustara -- no sería justo dejarlo todo y volver a Buenos Aires. Comprendí que Gerty tenía 20 años por delante para realizar sus sueños de estudiar, trabajar y disfrutar de la vida apacible que teníamos en El Paso. Yo ya había vivido esos 20 años. Decidí que era mejor quedarnos los dos en Estados Unidos. Por suerte la lectura y la cocina siempre me apasionaron y me dediqué a leer y a cocinar para nosotros y nuestros nuevos amigos.

En el tercer año de nuestra estadía en El Paso tuvimos la alegría de recibir a mi hijo Andrés. Acababa de terminar la escuela secundaria y quería estudiar en Estados Unidos. Todavía vivíamos en el departamento en UTEP pero nos arreglamos a pesar de las circunstancias. La incomodidad de vivir en un lugar pequeño por suerte no se prolongó. Unos meses después de la llegada de Andrés nos mudamos a la casa que ocuparíamos por muchos años. Mi vida en esa casa cambió. Me gustaba hacer carpintería entre otras cosas. Ahora tenía lugar para hacerlo. Mi vida transcurría entre herramientas, libros, y cacerolas. Era feliz. Extrañaba mis pacientes pero me alegraba de ver a Gerty lograrse profesionalmente.

Nuestro Hogar

Nuestro hogar es siempre un nido de amor. En 1982, cuando viene el hijo de Jaime, Andrés, encontramos que nuestro departamento es un tanto estrecho. Se desocupa una de nuestras casas alquiladas, y resolvemos que es el momento indicado para tomar una decisión.

Nos mudamos del recinto universitario a la casa más linda y más cómoda que tenemos. Es suficientemente grande para los tres, pero más adelante vemos la necesidad de hacer una ampliación.

Andrés estudia sin cesar. Dos años después se gradúa con un título en "Estudios Interdisciplinarios" y se casa con Kristen, un amor de jovencita. Los recién casados se mudan a un departamento y Jaime y yo nos quedamos solos – no por mucho tiempo. Jimmy, el menor de los hijos de Jaime, también quiere estudiar en Estados Unidos.

Le damos la bienvenida a Jimmy y hablamos con un contratista para que agregue dos ambientes grandes a la casa. Aunque no es un proyecto caro, es mucho el dolor de cabeza que nos ocasiona. La pesadilla dura seis meses más de lo convenido, pero al final, mil pies más a la casa la hacen muy espaciosa y agradable.

En 1987, Jimmy se matricula en la escuela de ingeniería en UTEP. Aunque está muy ocupado con sus estudios, Jimmy quiere trabajar a toda costa. Como no puede conseguir un empleo en El Paso por no tener permiso de inmigración, trata de encontrar algo en Juárez, Méjico a sólo 10 minutos de distancia de El Paso.

Jimmy aprovecha la oportunidad cuando un vecino golpea nuestra puerta. Carlos Domínguez vive a dos casas de la nuestra. Está en busca de una profesora de inglés para su instituto de idioma en Juárez. Nunca lo había visto, pero acepto la propuesta de buena gana cuando me entero de la remuneración. Le informo que mi esposo siempre viene conmigo, a lo que él no tiene objeción. Quedamos en que pasará por nosotros el sábado a las 9:00.

Jimmy, ni corto ni perezoso, corre a su habitación para traer su curriculum vitae que pone en manos del vecino para que él le haga saber si hay algún trabajo en Juárez. Nunca se nos cruza por la mente que éste hombre es un ladrón.

Gertrude Probst Muro

Jardín de Rosas en Nuestra Casa en El Paso.

Un Bribón

Nos sentimos seguros en el barrio de Sand Castle en el oeste de la ciudad. Todos los vecnos son amables, trabajadores – todos menos uno.

Cuando Carlos Domínguez nos recoge a la hora señalada nos sorprende su caballerosidad y elegancia. Vestido con un traje de tres piezas y corbata, perfumado, galantemente nos abre la puerta de su coche, tanto a mi esposo como a mí. Hablamos castellano, pero me doy cuenta que también habla bien el inglés. Después de una amena charla, llegamos a su pequeña escuela.

El instituto en Juárez es para profesionales que desean aprender el idioma. El Sr. Domínguez necesita una profesora para dos clases de conversación los días sábado, una vez por mes. No hay estudiantes en la primera hora, pero en la segunda se reúne un grupo de ocho o nueve personas, todos muy deseosos de practicar el idioma.

Al salir para regresar a El Paso, nuevamente nos abre las puertas del coche. Muy agradecido, saca el dinero de su billetera, pero me doy cuenta que es para cubrir dos horas de trabajo en lugar de una, y así se lo hago saber. Con mucha cordialidad me dice Domínguez que no es mi culpa que hayan faltado los alumnos de la primera hora e insiste que acepte el dinero.

Al llegar a nuestra casa, Domínguez quiere saber si yo estoy dispuesta a repetir la experiencia el mes que viene, a lo que le contesto en forma afirmativa.

Pasa un mes y no hay señales de Domínguez. Llego a la conclusión que es un charlatán cuando recibo un llamado del diario local El Paso Times. Un reportero me pregunta acerca de Domínguez. Le digo lo poco que sé de él y me quedo con la intriga del porqué me contactaron a mí cuando yo sólo lo vi una vez.

Al día siguiente Jaime recibe la visita de dos agentes de la FBI. Buscan a un tal Jaime, pero mucho más joven que mi esposo. Jaime pregunta si acaso buscan a su hijo Jimmy. Jimmy no está en ese momento, pero les dice que pueden regresar al día siguiente.

Dos días después me entero por el diario local que Carlos Domínguez ha sido muerto al intentar robar un banco en Albuquerque. *Asaltante de bancos es muerto a balazos cuando trata de llevarse una buena suma de dinero. Tenía una granada en su portafolio y un rehén. Aún no se ha dado con su cómplice de nombre Jaime.* El mismo artículo explica que se comprobó que Domínguez asaltó tres bancos en El Paso.

Atando cabos, nos damos cuenta porqué los agentes del FBI buscaban a Jimmy. Encontraron su resumen en el interior del coche que conducía Domínguez y pensaron que era el hombre que buscaban.

    Estamos estupefactos. Carlos Domínguez, un hombre tan formal, locuaz, elegantemente vestido y perfumado, padre de familia, había resultado un vulgar ladrón. No quiero pensar qué hubiera pasado si mi esposo no hubiera estado conmigo.

Jaime y Su Buen Humor

En los primeros años los amigos se ríen de Jaime porque siempre viste con saco y corbata. Cuando vamos a tiendas como KMart lo confunden con el gerente y le preguntan sobre algún artículo que están buscando. En algún momento deja de vestirse a la usanza de profesional en Buenos Aires y se saca la corbata. Comienza a vestirse con una camisa de mangas largas en pleno verano, con 40 grados de calor, pero se abotona hasta el último botón del cuello. Recién después de muchos años comienza a usar camisas de manga corta pero no se acostumbra a usar ropa más cómoda e informal.

Jaime tiene muy buen sentido del humor. Siempre hace reír a quienquiera está a su lado. No deja de hacer comentarios acerca de personas que observa en la calle. Al ver a una mujer subida de peso dice, *Mira esa gorda como menea las nalgas*. Cuando no reconoce a una persona, *Nunca reconozco al tipo ese porque tiene cara de todos los días*. Un hombre más alto que el promedio, *No te pierdas ésto. Ese tipo parece un kilómetro parado*. Dos enamorados besándose en público, *Esos dos están abrazados como hermanos en desgracia*. Otra mujer gorda, *¡Señora, cómo le creció el trasero!* De un amigo que hace castillos en el aire dice, *Éste vive en una nube de pedos*. Como no recuerda el nombre de una de mis amigas la llama "la nariguda" en privado. Otra es "la come velas" por ser muy religiosa, y otro es "el bocón" por charlatán. Esos son comentarios a diario y cuando los hace en la calle y en voz alta yo quiero que me trague la tierra por temor a que la gente lo oiga.

La Doctora Marie Barker

A Jaime y a mí nos apasiona nuestra vida en Estados Unidos. A mí me va muy bien en la universidad tanto como estudiante como asistente de profesores. Mi larga experiencia docente en la Argentina me facilita mucho la labor. Cuando pierdo mi ayudantía en el departamento de lingüística, soy recomendada para cubrir una vacante en el edificio de educación en el que es directora del departamento bilingüe la doctora Marie Barker.

Inmediatamente después de graduarme con mi maestría en lingüística, me ofrecen un puesto para dar clases de castellano en una escuela privada en El Paso. Me gusta mi trabajo pero me preocupa el hecho de no tener la "tarjeta verde" como residente permanente en los Estados Unidos. Amo a este país y deseo quedarme por el resto de mi vida. No tengo idea que mis deseos serán cumplidos gracias a una fiel y querida amiga.

Le debo muchos favores a mi amiga Marie Barker. Después de completar los cursos de lingüística debo escribir una tesis para completar mis estudios. No tengo idea de cómo hacer el trabajo. En la Argentina nunca debí redactar nada. La directora de mi tesis – pido la mejor y la más exigente profesora en el departamento – no se dispone a perder su valioso tiempo para orientarme. Marie se ofrece para ayudarme a completar mi tesis a tiempo para publicarla antes de la graduación.

La doctora Barker no es sólo mi mentora. Es mi mejor amiga cuando le participo mi pesar por no tener documentos para permanecer en los Estados Unidos. Es Marie la que me sugiere un plan de acción. Me presenta a una amiga que es directora de una escuela privada. Es entonces que consigo un puesto y permiso de inmigración para trabajar en el país por espacio de dos años. Marie sugiere que contrate a un abogado.

En ese tiempo comienzo las clases de psicología puesto que estoy muy interesada en psicología cognoscitiva. De noche, después del trabajo, estoy inscripta como estudiante de tiempo completo, lo cual es una ventaja puesto que se nos permite permanecer en la villa de estudiantes en el recinto de UTEP y Jaime hace nuevos amigos entre los profesores de psicología. Estoy muy cansada pero feliz al fin del día.

Siguiendo los consejos de la doctora Barker, contrato un abogado. No estoy dispuesta a quedarme en el país como inmigrante ilegal.

Después del primer año en la escuela privada, hay una nueva directora, la Señora Pipina Salas Porras, la que encuentra mi trabajo muy satisfactorio. Quiere ayudarme a legalizar mi situación ya que le gustaría contratarme como maestra permanente. Sigue todos los pasos requeridos para tal fin, y pone avisos en el diario. Debe comprobar que no le quitaré el puesto a un residente americano. Asimismo habla con oficiales de inmigración.

Es así como cuatro años después de muchas noches sin dormir y una tonelada de documentos a completar, finalmente puedo decir con orgullo, *Soy residente de los Estados Unidos*. Puedo descansar tranquila. Mi sueño se ha hecho realidad.

De izquierda a derecha: Jack Barker, Dra. Marie Barker, Gertrude y Jaime.

Tratando de Estirar el Dólar

En 1983, cuando los ingresos de Jaime se reducen a mucho menos de la mitad por la devaluación del peso, debemos ajustarnos a una entrada muy inferior a la que estamos acostumbrados los primeros dos años. Hemos gastado la mayoría de nuestros ahorros en expensas diarias y viajes.

Al comienzo nos sobra el dinero. Las tres casas que compramos se pagan solas con el dinero que entra de la renta. Ahora se nos hace difícil encontrar inquilinos responsables y mantener las casas. Por consiguiente vendemos las dos casas que nos quedan en El Paso. Jaime no puede trabajar ya que no pasó el examen para médicos extranjeros. Mi sueldo como profesora de castellano no alcanza para cubrir los gastos de la casa.

En el verano del año 1984 aplico para un puesto en el colegio de la comunidad de El Paso, El Paso Community College (EPCC). Tengo mucha suerte. Mi maestría en lingüística, cartas de recomendación de mis ex profesores y mis 22 años de experiencia en la enseñanza del idioma inglés me ayudan a abrir puertas.

Espero ansiosamente una señal del colegio. Finalmente, después de unas semanas que parecen años, encuentro una carta de EPCC en el buzón. Mi alegría no tiene límites. Me esperan para entrevistarme. En el mismo año comienzo a trabajar como profesora de tiempo completo en EPCC, colegio que se convierte en mi segundo hogar.

Aunque mi querido Jaime no contribuye monetariamente, siempre encuentra qué hacer. Disfruto de su comida gourmet que me espera después de un largo día de trabajo. En el fondo de la casa, construye un taller en el que hace trabajos de carpintería que luego adornan nuestro hogar. También es un ávido lector y se entretiene horas leyendo sobre psiquiatría, historia, geografía y filosofía. Le fascinan los nuevos descubrimientos en la genética. Dice que si tuviera la oportunidad, estudiaría para ser un genetista.

Amor y Compañerismo

Jaime y yo rara vez nos separamos durante nuestro matrimonio. Como el cocinero en casa, él quiere seleccionar la verdura, fruta y carne en el supermercado. Yo no le confío nuestro único coche ya que él aprendió a manejar a los 60 años. Por lo tanto, lo llevo a los lugares que él quiere ir. Durante mis estudios, me llevo los libros y lo espero en el coche mientras él hace las compras. Mi horario de trabajo me permite llegar a la hora de almorzar, así que pasamos mucho tiempo juntos. Los fines de semana, si mis estudios me lo permiten, vamos al cine o visitamos a algunos amigos. A Jaime le encanta mirar chucherías en negocios de artículos baratos como el *Dollar Store*. A mí no me interesan esos lugares, así que lo espero pacientemente en el coche. En el raro caso de que nos vean sin el otro, la gente pregunta dónde está nuestra otra mitad.

Cuando necesito salir a hacer un mandado, le pregunto a Jaime si quiere venir conmigo. No importa qué programa está viendo por televisión, invariablemente contesta, *Por supuesto. Cómo no te voy a acompañar.* Jaime siempre está a mi lado.

Diez años después de obtener mi título de maestría en lingüística, me inscribo en la universidad de Tejas A&M, a ocho horas de casa en automóvil. A mediados de los años 80 ofrecen clases los fines de semana dictados por profesores que vienen de Tejas A&M para motivar a los estudiantes que quisieran hacer un doctorado en educación del adulto. Eso me interesa mucho y tomo varios cursos con ellos hasta que llega el momento de tener que trasladarme a College Station, cede de la universidad, para tomar las materias que me faltan.

Tejas A&M, una vieja universidad vio pasar por sus aulas a muchos estudiantes destacados que hicieron carreras brillantes. La majestuosidad de sus edificios rodeados de enormes árboles añosos le da un aspecto de paz y eternidad. La pequeña ciudad en que está situada, College Station, donde hasta los perros vagabundos sonríen y saludan, es lugar tranquilo y acogedor. Tanto Jaime como yo disfrutamos de la estadía en esa ciudad. Me autorizan a transferir unos cuantos cursos que tomé en la universidad de Nuevo México, a unos 30 minutos de El Paso.

Para completar los estudios para graduarme con un doctorado, debo estar físicamente en la universidad por dos semestres. El mejor tiempo para eso es el verano ya que tengo cuatro meses de descanso entre semestres.

Dejamos nuestra casa y los perritos a cargo de amigos, y nos trasladamos los dos a la universidad Tejas A&M. A Jaime le encantan las bibliotecas, así que se pasa el día leyendo mientras me espera. Como vivimos en un pequeño departamento a unos pasos de la universidad, a Jaime se le hace fácil encontrar los edificios que le interesan.

Dos años después, en el año 1991, me recibo como doctora en Educación del Adulto con el orgullo y la alegría de Jaime. No pasa mucho tiempo antes de que mi diploma luzca en la pared de mi "sala de computadoras y biblioteca" donde hace compañía a todos mis documentos obtenidos por mí, importantes o no, que Jaime pone en marcos y cuelga en la pared.

En una oportunidad, en el año 1998, Jaime se ve en la obligación de viajar sólo al Perú. La devolución de los bonos requiere una serie de trámites. Es en pleno año escolar, y yo no quiero faltar a mis obligaciones con mis estudiantes. Todas las noches lo llamo a Lima, donde él espera al lado del teléfono. Estamos tan acostumbrados el uno al otro que la separación se hace difícil.

Un Matrimonio Feliz

Jaime y yo creemos que contraer matrimonio es una de las más importantes decisiones en la vida. La gente joven muchas veces se casa por una atracción sexual. Ese es un error. La frescura y la buena apariencia muy pronto se desvanecen. Así como en un buen guiso no sólo los colores de los ingredientes hacen un plato delicioso, en un matrimonio feliz, muchos detalles llevan a la felicidad conyugal.

El secreto de un matrimonio feliz es la combinación de un número de ingredientes salpicados con abundante amor. Uno de los ingredientes importantes es la consideración. Los esposos considerados respetan las aficiones o fobias de su pareja. El ignorar o el menospreciar los deseos del otro ser termina en discusiones. Jaime y yo toleramos o disimulamos nuestras diferencias. Jaime generalmente valora la apariencia física de una persona mientras que yo miro más allá de las características superficiales.

Le sigue la lealtad. Un matrimonio feliz se basa en la fidelidad. El tratar de esconder una relación extramarital agota a la pareja emocionalmente. Una relación extramarital es la consecuencia de una falta de comunicación, o simplemente aburrimiento. Ni a Jaime ni a mí se nos ocurre flirtear con alguien del sexo opuesto. Somos uno.

El tercer ingrediente importante es la honestidad. La gente honesta dice lo que le preocupa o molesta y no miente. Muchas veces hay personas que quieren hacerle creer a su pareja que están trabajando fuera de horas cuando en realidad se están divirtiendo con sus amigos. Jaime y yo siempre explicamos nuestros sentimientos y nos comunicamos las actividades de la vida diaria.

Finalmente, la prioridad de una persona afectuosa es preocuparse del bienestar de su pareja. Una persona afectuosa se tome la responsabilidad de apoyar a su pareja emocional y económicamente. Nuestro matrimonio se basa en amor y cariño por el otro ser.

Nos preocupa saber del otro. Siempre sabemos dónde encontrar nuestra pareja. Como yo tengo que viajar largas distancias a mi lugar de trabajo en la peligrosa ruta 10, todas las mañanas al llegar a mi oficina llamo por teléfono para que Jaime esté tranquilo al saber que llegué bien. Esto sucede por muchos años. Ya no lo llamo cuando mi querido esposo tiene dificultades para oír. Odia los audífonos y por lo general se olvida de ponérselos. Por lo tanto no oye el teléfono.

Proceso de Envejecimiento

Los años de trabajo y estudio hacen que el tiempo vuele a una velocidad increíble. Tengo 51 años cuando me gradúo con un doctorado en la educación del adulto. Nunca me di cuenta de mi edad hasta que me preguntaron si me sentía diferente después de cumplir los 50.

Soy una persona de mediana edad, pero no lo he notado. Al trabajar fuerte para mantener a mis queridos miembros de dos y cuatro patas, no tengo tiempo de percibir ningún cambio en mi cuerpo. Mi dulce esposo, aunque tiene 20 años más que yo siempre es jovial. Él se asegura de que yo siempre sepa que su amor por mí es tan profundo como lo era en los primeros años. Después de una fiesta pregunta, *¿Quién fue la más linda esta noche?* Por supuesto sé que se refiere a mí. Entonces digo, *Fue Fulana,* y él trata de convencerme de que estoy equivocada.

Jaime siempre me da ánimos y aplaude mis esfuerzos para obtener mi maestría y después el doctorado. No importan las distancias que debo viajar para ir a la universidad; él está conmigo. Él me da fuerzas y confianza.

Como profesora, mi vida está reglamentada por semestres. Mi docencia en El Paso Community College es una tarea muy amena pero requiere mucho tiempo. Tener que corregir cientos de ensayos cada semestre y ser estudiante de tiempo completo por muchos años no me da tiempo de mirarme al espejo. El estar en contacto con gente joven ha sido gratificante y vigorizante. Me ha mantenido joven.

A Jaime y a mí nos encanta viajar. Mi emoción por la anticipación de un viaje es como la zanahoria colocada delante de la cabeza de un burro, que lo hace correr con más empeño. *Es la semana 10, día 2,* les respondo a mis colegas cuando me preguntan cuánto falta para terminar el semestre. Ellos saben que cuento los días para salir de vacaciones.

Séptima Parte: Recorriendo el Mundo
1980 - Viajes

Los dos primeros años (1980-1981) son muy buenos. En vacaciones de verano viajamos en nuestro pequeño Chevette. Tantos son los deseos de recorrer los Estados Unidos que en el primer viaje al noroeste viajamos 5,000 millas. En mayo de 1980, al terminar el primer semestre, recorremos varios estados. La comodidad en que se viaja, con las carreteras en perfectas condiciones, los hoteles que aunque humildes son limpios y tienen todo lo necesario, y la amabilidad de toda la gente que encontramos por el camino nos sorprende. No estamos acostumbrados a viajar en condiciones tan favorables.

La carretera 25 nos lleva por todo Nuevo México y Colorado hasta Wyoming. Nos detenemos para pernoctar a lo largo del camino. Después de atravesar Nuevo México, nuestra primera parada es Colorado Springs, una de las áreas de tormentas eléctricas más activas en los Estados Unidos. Tan es así que se construyó un laboratorio para el estudio de la electricidad. Una de las atracciones más espectaculares de Colorado Springs es el Jardín de los Dioses (*Garden of the Gods*) donde las caprichosas formaciones de rocas de piedra arenisca roja parecen haber sido pintadas por Salvador Dalí. De allí, nuestro itinerario nos lleva a Denver, la siguiente parada.

La capital de Colorado cuenta con numerosas atracciones turísticas para todos los gustos, desde arte y cultura, y museos hasta campos de vida salvaje y hermosos parques y jardines. Seguimos por la carretera 25 hacia el norte hasta encontrarnos en Cheyenne donde al aire libre se celebra el espectáculo *Western* más grande del mundo. Otra localidad cuyo nombre nos resulta conocido es Laramie que hemos visto en episodios por televisión. Allí nos quedamos una noche para seguir al día siguiente, ansiosos por conocer Wyoming y sus famosos géisars.

Pasamos por Jackson Hole, un valle idílico en las montañas Rocallosas. La abundante vegetación cubierta de flores multicolores y la pintoresca entrada a la ciudad con un enorme arco de cuernos de ciervos nos da la bienvenida. Es un día claro con un diáfano cielo azul. Varios paracaidistas practican su deporte en sus paracaídas de arco iris. La ciudad parece un bello cuadro que invita a soñar con una vida pacífica lejos del mundanal ruido. Con el ansia de llegar a Yellowstone National Park no nos detenemos por mucho tiempo y seguimos viaje. Pronto llegamos al parque nacional de Wyoming.

Yellowstone es la tierra de las maravillas. Es un lugar silvestre lleno de bellezas naturales. Nos hospedamos en un hotel rústico, el Old Faithful Inn construido de madera y con techos de ripia, a un paso del Old Faithful, el famoso géisar que despide 8,400 galones de agua hirviendo cada 45 ó 125 minutos aún en las temperaturas gélidas de invierno. Nos quedamos maravillados cuando lo vemos por primera vez. Visitamos el Gran Cañón del Río Yellowstone con sus impresionantes colores y saltos de agua. Uno de los saltos más altos, el salto Lower Falls mide 94 metros. Las vías fluviales del parque ofrecen bellísimos paisajes y son el hábitat de una abundante fauna y flora. Nos bañamos en el agua helada del Snake River, uno de los principales ríos que desembocan en el Pacífico. Pasamos unos días maravillosos en Yellowstone.

Al dejar Wyoming tomamos la carretera 15 hacia Utah. Su capital, Salt Lake City, es famosa por ser el paraíso de los esquiadores. Como dicen los aficionados, allí se encuentra la mejor nieve del mundo. Otras atracciones en la ciudad son los numerosos lugares de entretenimiento y el templo de los Mormones, un imponente edificio que se levanta en el centro de la ciudad. No nos quedamos en Salt Lake City, sino que continuamos viaje por la misma carretera hasta llegar a Zion National Park. Nos desviamos de la carretera principal para tomar un camino que nos lleva al parque, una maravilla de paisajes idílicos en los que contrasta la tierra roja con el verdor de la vegetación. Un cañón que nada tiene que envidiar al Gran Cañón del Colorado. Es tan largo el trayecto a través del parque que tenemos que detenernos para preguntar si llegaremos a algún lugar civilizado para no tener que pernoctar con los alces, esos magníficos venados cuyos machos lucen unos prodigiosos cuernos. Cansados al final de un largo día, finalmente nos encontramos en Arizona, nuestro próximo destino.

Pasamos la noche en el primer hotel que encontramos para seguir a la mañana siguiente a Flagstaff, una pequeña y pintoresca ciudad donde se encuentran dos importantes carreteras: la carretera 40, que atraviesa Estados Unidos de este a oeste, y la carretera 17 que parte de Flagstaff para encontrarse con la carretera 10 en el sur de Arizona. Flagstaff está situada al este del Gran Cañón del Colorado, otra belleza natural que el turista no debe perderse. Sin embargo, no vamos a conocer el cañón en esa oportunidad.

Después de una noche reparadora en Flagstaff decidimos que no queremos volver a casa todavía aunque esa era nuestra intención. Nos falta ver la costa del Pacífico. Consultamos el mapa y vemos que no sería difícil llegar a San Diego. Por la carretera 40 viajamos al oeste hasta encontrarnos con la carretera 15 que nos lleva a la hermosa ciudad de San Diego, California donde Jaime puede satisfacer sus ansias de admirar el océano.

Después de unos agradables días en las playas de San Diego, ciudad que nos atrae por su hermosa vegetación, sus parques frondosos, sus calles limpias y ordenadas, un zoológico más grande que ningún otro que hemos visitado y un planetario muy interesante, decidimos que es tiempo de volver a casa. Las clases en la universidad empezarán pronto y hay que prepararse para el nuevo semestre.

Años después de este largo viaje, cuando ya nos mudamos a nuestra casa, no disponemos del capital necesario para costear unas merecidas vacaciones. Un día al abrir las cartas del correo, nos encontramos con una nota en la que se nos invita a pasar un fin de semana en Ruidoso, Nuevo México. Aún desconocemos las trampas tendidas por los comerciantes para poder vender semanas de tiempo compartido. Nos entusiasma la idea de conocer el lugar y vamos con una pareja amiga. Ruidoso es un lugar muy pintoresco entre las montañas, con pinos y cabañas y lugares de esquí en invierno. Nos gusta la pequeña ciudad y los departamentos que nos ofrecen.

Somos novatos y salimos comprando dos semanas. Si bien estamos apremiados de dinero, restringimos otros gastos para pagar las dos semanas de tiempo compartido. Pensamos que no debíamos haberlo hecho, pero se nos ha abierto una ventana al mundo.

El primer viaje que hacemos es a Galveston, Tejas, en pleno invierno. Vamos a viajar a Buenos Aires y calculamos que sería más económico viajar a Galveston en auto, pasar unos días junto al mar, y luego tomar el avión en Houston, a unas pocas millas de Galveston, mientras dejamos el coche en el aeropuerto. Grande fue nuestra desilusión cuando enccontramos un tiempo lluvioso, el cielo encapotado, y un frío que no da ganas de sacar la nariz. Esa es nuestra primera experiencia con el tiempo compartido.

No obstante, no tardamos en darnos cuenta que ha sido una buena inversión. La posibilidad de pasar unos días sin tener que desembolsar una gran suma de dinero en hoteles nos permite viajar de vez en cuando. Así conocemos Lake Tahoe donde nos hospedamos en un lujoso edificio de departamentos frente al lago, y St. Petersburg en Florida, ocasión en que fuimos con Andrés y su dulce esposa Kristen para festejar su graduación en UTEP y su casamiento. El largo viaje en coche por la ruta interestatal 10 fue una gran oportunidad para conocernos mejor. Tanto Jaime como yo disfrutamos de la compañía de los chicos.

1988 - Viaje a Buenos Aires
Una Experiencia Desagradable

Entre tantos viajes que Jaime y yo disfrutamos en los Estados Unidos, Europa, y países de latino América, el viaje que más nos agrada es el que hacemos a Buenos Aires a visitar a mi padre y a los hijos de Jaime. Mi madre falleció cuando sólo tenía 59 años, y mi padre se casó con su segunda mujer poco después del funeral. Grete había sido la amiga de mis padres por mucho tiempo, y ella estaba en mi casa paterna cuando mi madre perdió el conocimiento y cayó en un estado de coma del que no se recuperó. No vamos a visitar a Grete, pero la respetamos como la esposa de mi padre.

Siempre es una alegría visitar a parientes y amigos, pero regresar a los Estados Unidos es aún mejor. Generalmente extraño a mi país adoptivo aún antes de partir de El Paso. En uno de nuestros viajes a Buenos Aires tenemos una sorpresa desagradable.

Como debemos tener cuidado con el poco dinero del que disponemos para viajar, procuro hacer reservas en la aerolínea más barata. Aunque la flota de aviones del Lloyd Aero Boliviano consiste en aeronaves viejas adquiridas en Estados Unidos, los aeroplanos son seguros, y siempre gozamos de un vuelo tranquilo con buena comida y hasta champaña para Navidad o Año Nuevo. Desearíamos no tener que bajar del avión y ser trasportados a un hotel a varios kilómetros de Cochabamba para esperar el siguiente avión, pero no tenemos otra opción.

Una vez, nos quedamos en Buenos Aires más tiempo que en otras ocasiones. Jaime no tiene problemas para salir del país con su pasaporte peruano, pero como en mi pasaporte americano dice que nací en la Argentina, no me quieren dar el visto bueno para la salida. Me dicen que con un pasaporte extranjero debo tener permiso para extender mi estadía más de dos semanas. Me mandan al departamento de inmigración, donde voy con lágrimas en los ojos y temblor en las piernas para explicar mi problema. Sin inmutarse, Jaime exhibe un billete de veinte dólares, pero ni eso ablanda el corazón del funcionario. Más tarde nos dicen que hubiera debido ser un billete de cien para que el hombre detrás del escritorio cediera.

Voy corriendo al mostrador del Aero Boliviano para ver cómo me pueden ayudar. Enseguida resuelven el problema. Me dan un boleto para Bolivia, que es uno de los países limítrofes, para el cual no se necesita pasaporte sino la cédula argentina. Con gran alivio, me palmeo la espalda por haber traído ese documento que me salva de una situación sumamente desagradable. Al abordar el avión en Bolivia, muestro mi pasaje original.

Quedamos muy aliviados de haber tomado un avión que hace escala en un país vecino. Si eso nos hubiera pasado más adelante, cuando viajamos en American Airlines, no hubiera podido corregir el error. Ahora antes de partir, llamo a la embajada argentina para enterarme cuánto tiempo puedo permanecer en el país como ciudadana americana.

1989 - En el Aeropuerto de Miami

Aunque a Jaime le encanta viajar, odia los aviones. Muchas veces cuenta el susto que se llevó al volar de Buenos Aires al Perú para visitar a su madre. Todos los pasajeros estaban blancos de pánico cuando el pequeño avión se encontró dentro de una tormenta. El capitán, que sabía que Jaime era psiquiatra y estaba a bordo, lo hizo llamar a la cabina. Le pidió que calmara a los demás pasajeros que temblaban de miedo. A Jaime le fue muy difícil cumplir con el pedido ya que posiblemente él tenía más temor que ninguno. No le gusta volar, pero se entretiene mucho viendo y estudiando a los pasajeros.

Es unos días antes de Navidad y en el aeropuerto de Miami casi no hay lugar para caminar cuando llegamos al portón. A Jaime no se le escapa nada. Goza al hacer comentarios sobre cualquier cosa inusual.

Hay varios pasajeros que captan su atención. Una gorda vestida con una blusa y pantalones que apenas le cubren la piel que tendrían que cubrir encuentra consuelo rezando antes de partir. Jaime se divierte.

¿Has visto esa gorda?

Jaime, por favor no alces la voz. Hay mucha gente aquí que habla castellano.

Un tanto ofendido dice, *No hay nada malo en lo que dije.*

Algún día alguien te va a dar un golpe si sigues criticando a la gente.

Luego está la mujer de mediana edad vestida como una jovencita de 15, tratando de seducir al sexo opuesto.

Parece un loro recién salido de una lata de pintura, dice Jaime, esta vez tratando de hablar en voz baja.

A mí me parece gracioso pero bochornoso. Yo nunca miro a la gente no sólo por respeto a los demás sino porque no me interesan.

Otra mujer de mediana edad se va dirigiendo con pasos lentos hacia el mostrador después de que la llamaron varias veces. *No parece estar muy apurada, ¿no es cierto?* dice Jaime al pasar. La llama *cámara lenta.* Hay varias personas más que lo tienen ocupado en comentarios burlones. Con mucha atención mira y nota las características de cada pasajero.

Hay una mujer con una gran nariz, un hombre cuyo pelo negro y espeso le cubre la cabeza y el rostro, y una mujer con un gran trasero. Jaime tiene un nombre para cada uno de ellos. Una es *la nariguda,* otro *el melenudo barbudo,* y la del trasero grande es *la culona.* Luego hay un grupo de monjitas que murmuran una oración tras otra. *Debe ser la primera vez que viajan,* dice mi esposo.

Es hora de abordar el avión, y todos excepto Cámara Lenta se apresuran a subir.

Una mujer que Jaime llama *la tetona* camina hacia el portón mirando a cada hombre que encuentra a su paso. Las monjitas continúan con sus rezos, y el *melenudo barbudo* trata de alisar el lío de pelo que tiene en la cabeza.

Cuando todos estamos en nuestro lugar, la aeronave finalmente despega. Está obscuro afuera y el avión se desliza elegantemente por encima y por debajo de las nubes. Es hora de cenar. Repentinamente hay un ruido extraño. Es el ruido de metal rozando contra metal. Todo el mundo se queda en silencio. Eso es, todos menos La Gorda. Ella estalla en alaridos, *¿Nos vamos a estrellar?* grita a todo pulmón. Estoy segura que el capitán la puede oír. Las monjitas esta vez sacan sus rosarios y rezan en voz alta. El ruido se hace cada vez más fuerte. Por la turbulencia pensamos que estamos en el Triángulo de las Bermudas, lo cual no es un pensamiento muy alentador. El capitán dice que debemos mantener los cinturones ajustados, pero ahí viene La Nariguda queriendo adelantarse a La Culona camino al baño. Jaime ya no hace comentarios burlones. La cara de mi esposo está tan blanca como la de los otros pasajeros. El pánico va aumentando con el ruido que ahora es notablemente más acentuado. Ahora es el turno de La Tetona que pasa corriendo al baño, esta vez sin mirar a nadie del sexo opuesto. Pasan varias horas con turbulencia y ruido cuando finalmente el avión aterriza de vientre gracias a la destreza del piloto. Todo el problema se debía al tren de aterrizaje. Jaime ya no tiene ganas de hacer ninguna clase de comentarios.

1991 - Vacaciones

Después de recibirme en Tejas A&M, en el año 1991, Jaime y yo comenzamos a viajar cuatro veces al año. Recorremos los Estados Unidos primero y luego vamos a Europa. Siempre contamos con tiempo compartido así que no gastamos más que en pasajes y alimentos que compramos en negocios que ofrecen comidas para llevar. En uno de nuestros viajes nos acompañan Andrés y Kristen. Es un mes lleno de emociones inolvidables.

En los Alpes alemanes nos reciben con el sonido de trompetas en las montañas tupidas de árboles frondosos. Es un lunes al anochecer, día y hora en que los músicos salen con sus instrumentos musicales a saludar a los turistas. El lugar de nuestro hotel, el Alpenrose, al lado de un lago de mansas aguas cristalinas es un paraíso terrenal. Recorriendo el camino alrededor del lago no se oye la caída de una hoja. Todo es silencio y armonía de colores, desde el azul del lago hasta los numerosos matices verdes de los árboles y los colores vivos de varias clases de flores, las cuales están prohibidas cortar. Hay un respeto reverencioso por madre naturaleza. Estamos cerca de dos castillos, uno más famoso que el otro: Neuschwanstein, uno de los lugares más turísticos hoy día, a unas pocas cuadras del hotel, y Hohenschwangau, otro castillo maravilloso. Como homenaje a Ricardo

Wagner, el castillo Neuschwanstein, que fuera utilizado como lugar de retiro de Ludwig II de Baviera, cuenta con unas habitaciones espléndidas adornadas con oro y con dibujos sobre temas de la música de Wagner cuidadosamente pintados en las paredes.

En éste viaje rentamos un coche en Alemania y los cuatro vamos a Suiza y a Italia. Esa es mi primera y única experiencia al volante en Europa. Juro que no conduciré nunca más por esas autopistas que parecen estar ocupadas por locos desenfrenados corriendo la maratón de la muerte. En Suiza visitamos a una tía, hermana de mi padre, que nunca había conocido. Vive en Klosters, Suiza, y antes de salir, la llamo por teléfono para pedirle la dirección de su casa. Nos parece gracioso que dijera que su casa es fácil de encontrar pues está en frente de la casa del médico. De todas formas la encontramos.

Después de pasar unas horas con ella y mis primas seguimos camino por los glaciares hacia Italia. Unas horas más tarde cuando nos encontramos cerca de la localidad de Merano en la región montañosa de Italia del norte, nos perdemos. En esa zona muchas personas hablan alemán. En una estación de servicio le pido a una joven alemana que me indique cómo llegar al lugar. Mi idioma materno es el alemán, así que no titubeo en hacerle la pregunta. Me indica que debo ir hasta el próximo semáforo, que en alemán es *Ampel*. Yo me crié en un hogar alemán en la Argentina en la época que no se conocían los semáforos y nunca había oído esa palabra. La joven queda de lo más sorprendida y no puede entender que, si hablo alemán, no sé qué es un *Ampel*.

Merano es un lugar encantador donde se realizan toda clase de simposios. Es un lugar turístico ideal para reuniones de tipo comercial o social. Es una localidad peculiar. Si bien está rodeada de altos picos de montañas de 10,000 pies, es un valle lujuriante que sólo está a 1,000 pies sobre el nivel del mar, protegido por esas montañas. Por consiguiente, el clima es templado en invierno y fresco en verano.

En esa oportunidad los chicos, Andrés y Kristen, toman el tren en la estación de Merano para dirigirse a Florencia a visitar a un amigo radicado allí. Después de unos días, los recogemos en la estación del ferrocarril y llevamos el auto a Alemania para entregarlo.

Tomamos el tren a Berlín. Es el cumpleaños de Andrés asique les regalamos a él y a su mujer boletos para el camarote. A la mañana siguiente amanecemos en la hermosa e interesante ciudad de Berlín que aún está saliendo de su asombro por la caída del muro. La parte occidental contrasta enormemente con la oriental. De edificios viejos, sucios y malolientes en la zona oriental se destacan los modernos y limpios rascacielos en la zona occidental.

Durante el largo viaje por Alemania e Italia, los cuatro nos sentimos a gusto viendo y descubriendo nuevos horizontes. Cada uno de nosotros disfruta de la compañía de los demás, pero hay uno que nos divierte. Ese es Andrés.

Cuando podemos comemos en nuestro departamento de tiempo compartido, pero cuando viajamos no nos detenemos a comer en algún restaurante por los precios de las comidas que nos parecen exorbitantes. Si no hay un McDonald´s en el camino, compramos fiambre y hamburguesas alemanas (esas deliciosas Frikadellen), ese pan alemán tan rico, mantequilla, mostaza, queso y algún dulce, y nos sentamos a comer en plazas, estaciones de ferrocarril, o en el tren.

Andrés y Kristen estan en plena juventud, y siempre hacen bromas entre ellos. Andrés saca todos los alimentos a la vez y los desparrama por asientos cercanos desocupados y en el alféizar de las ventanillas. Entonces cada uno de nosotros se sirve lo que desea tratando de no aparentar estar abochornados por la sonrisa de los pasajeros.

En uno de los viajes largos que hacemos en tren debemos esperar en la estación, lo cual nos da tiempo para satisfacer nuestro voraz apetito. Nos sentamos en los bancos afuera de una estación importante antes del anochecer. Andrés, como siempre, saca todas las provisiones y las coloca en los bancos desocupados. Una familia alemana bien vestida y de muy buenos modales pasa por el camino hacia la estación y con una sonrisa nos desea muy buenas noches y un buen apetito. Yo devuelvo el saludo sonrojándome y Jaime y yo quedamos abochornados pero con el estómago lleno.

Después de ese viaje, el primer viaje a Europa después de doctorarme, Jaime y yo viajamos cuatro veces al año. Cada vez que yo tengo tiempo libre, lo aprovechamos para viajar. Entre los años 1993 y 2006 hacemos cinco viajes a Europa, de los cuales los más recordados son el viaje con Andrés y Kristen, en 1992, y los viajes a Francia en 2002 y 2006.

Jaime y Gertrude en un restaurante de Toledo, España

1992 - Hawái

En diciembre de cada año vamos a la hermosa isla de Oahu, Hawái, de la que los dos estamos enamorados por sus bellezas naturales y por la algarabía con que siempre nos recibe el centro de Waikiki. La risa y gritos de bulliciosos jóvenes en distintos medios de transporte llenan el ambiente de alegría. Las perfumadas flores de distintos tipos, en macetas colgadas de los árboles a lo largo de las calles, envuelve a los peatones con un dulce aroma.

De noche las calles de Waikikí están siempre animadas con turistas que se divierten con las estatuas humanas que se ganan unos dólares no haciendo más que quedarse petrificadas en la acera. Numerosos jóvenes con ínfulas de músicos tocan la flauta, el acordeón, el violín y un instrumento indio. También hay pintores que retratan a quienes están dispuestos a desembolsar una cierta cantidad de dinero para llevarse el recuerdo. Sentados ante sus atriles, no se cansan de manejar los pinceles en retratos y paisajes.

Oda al Amor

La hora más romántica es la puesta del sol. Después de la cena, caminamos por la playa y nos sentamos en un banco viendo el atardecer de colores rojos, amarillos y anaranjados. En la obscuridad, nos divierte mirar el incesante paso de los aviones por encima y por debajo de las nubes. Tratamos de adivinar de dónde vienen o adónde van.

De vez en cuando cenamos en el *The Top of Waikiki,* un restaurante redondo en el piso 30 en uno de los edificios de la avenida KalaKaua. La plataforma interior del restaurante gira, y en una hora da una vuelta completa mientras uno disfruta de una comida deliciosa viendo panoramas deslumbrantes.

Muy cerca del centro, el cambio de guardia en un centro comercial es la atracción de todas las tardes a las 18 horas. Conmemoran los tiempos en que Hawái estaba gobernada por un rey. En diciembre, las coloridas luces de los negocios del centro comercial y la fragancia de la plumeria, un árbol con aromáticas flores blancas, rojas, rosadas y amarillas le dan al espectáculo un marco bello y armonioso.

El único evento al que Jaime no quiere acompañarme es al de las hawaianas bailando el Hula Hula. Algunas están bastante subidas de peso y él dice que no le gustan las gordas moviendo semejante osamenta. A mí siempre me gusta ver esas danzas con movimientos suaves y ondulantes al compás de la melodiosa música de las islas.

Tenemos un departamento de tiempo compartido a dos cuadras de la playa, y a una cuadra del mercado internacional y de restaurantes y cinematógrafos. Todo está al alcance de la mano. Como no nos gusta alquilar un auto por el congestionamiento en una isla pequeña y la falta de estacionamiento, vamos a todas partes en colectivo, que lo tomamos en la puerta de nuestro edificio. Esos ómnibus gigantes nos llevan a Chinatown, donde hacemos nuestras compras para preparar la comida, o a lugares nuevos que queremos conocer como el Centro Cultural de Polinesia, un enorme parque con puestos que exhiben arte y cultura de las islas del Pacífico, administrado y dirigido por mormones. También nos llevan al palacio Iolani, un edificio histórico que albergaba a la familia real en su tiempo, y al puerto Pearl Harbor para visitar el USS Arizona donde perecieron miles de marinos en la segunda guerra mundial. Si queremos podemos dar vuelta a toda la isla por la irrisoria cifra de $1. The Bus, como se llama la línea de colectivos, merece el primer puesto asignado en Estados Unidos por sus conductores respetuosos y eficientes y por los coches aseados, limpios y en muy buenas condiciones.

Honolulu, la segunda ciudad más segura de Estados Unidos nos atrae y enamora todas las veces que viajamos a esas encantadoras islas de Hawái.

Gertrude en Wikiki, Honolulu

1994 - Las Vegas

Muchas veces en marzo, durante la semana vacacional de primavera, vamos a la internacionalmente conocida ciudad de Las Vegas, la ciudad que nunca duerme. Si bien no vamos a los numerosos y costosos espectáculos, nos divertimos viendo jugar a la gente en los casinos. Jaime, como buen psiquiatra, observa y comenta sobre las reacciones de los jugadores y los turistas que pasan a nuestro lado.

No nos gusta perder dinero en el juego asique solo jugamos en las máquinas de un centavo, que nos mantienen divertidos por un largo rato. También vamos a presenciar los espectáculos al aire libre en los gigantescos hoteles como el Bellagio, el Mirage, el Treasure Island o cualquier evento gratis que se presenta.

Viajamos mucho en auto para economizar. No hay más que una entrada en la casa, asique hay que ajustarse a eso. Admiro a Jaime, que de toda una vida holgada pasa a tener que amoldarrse a otro estilo de vida. Estamos juntos y congeniamos. Eso es lo importante.

2006 - Los Parientes Franceses de Jaime

Por muchos años, Jaime tiene el sueño de viajar al sur de Francia donde un antepasado fue un notable escritor en la ciudad de Salon de Provence. Además de escribir en francés, A.B. Crousillat escribía en los dialectos del francés Oc y Provençal.

Su sueño finalmente se ve realizado en el verano de 2002. Aunque Salon de Provence es apenas un punto en el mapa, encontramos un hotel con tiempo compartido en una ruta nacional.

Llegamos un domingo. De la estación del ferrocarril nos lleva un taxi al hotel. Jaime no habla francés y mi francés deja mucho que desear. No obstante, logro hacerme entender al taxista. Cuando menciono el apellido Crousillat, me dice, *Le docteur Crousillat est mort.* Se nos va el alma al suelo. Sin embargo, más adelante nos enteramos que no es cierto que el Dr. Crousillat ha muerto, pero para aquel entonces ya hemos tenido muchas experiencias agradables.

Al día siguiente de nuestra llegada, un lunes, se nos ocurre una idea. Vamos a la biblioteca de la ciudad donde esperamos encontrar a alguien que hable algún otro idioma que el francés. En cuanto mencionamos el apellido Crousillat, la empleada detrás del mostrador corre a buscar el director de la biblioteca, un español. Jaime está feliz de poder hablar en su idioma, y el director le comunica que es un honor conocer a un pariente del famoso escritor Crousillat. Le da fotocopias de las carátulas de sus libros y pasamos una amena tarde en su compañía. Al despedirnos, el director sugiere que vayamos a visitar el museo de cera a unas cuadras de la biblioteca.

La directora del museo de cera y yo logramos comunicarnos con su poco inglés y mi imperfecto francés. Nos lleva por el museo en el cual la estatua más importante es la figura del antepasado de Jaime que está con sus amigos, también escritores de la época, Mistral y Ronmanille. Antes de partir, la directora menciona un primo de Jaime que vive a una hora de allí. Lo llama por teléfono y Christian Crousillat promete visitarnos a la mañana siguiente.

Christian sólo habla francés, lo cual se me hace difícil para conversar con él. Quiere llevarnos a su casa a almorzar. En el camino, los nervios se nos ponen de punta cuando maneja a toda velocidad por esas curvas sinuosas. Yo tengo náuseas cuando veo que casi choca con algún británico distraído que viene de contramano.

Por fortuna, llegamos sanos y a salvo a su casa en la montaña. Su señora es alemana, así que no tengo problemas para conversar con ella. También conocemos a otra prima de Jaime, Juliette, encantadora mujer de mediana edad que acaba de llegar con su esposo. Ellos viven a cierta distancia de Salon, pero van a pasar las vacaciones allí. Criada en Algeria, Juliette habla algo de castellano y Jaime está aliviado de que pueda hablar con ella. Juliette nos invita a pasar unos día en su casa, invitación que disfrutamos en otra ocasión. Es una reunión de familia muy agradable.

Los siguientes días los pasamos admirando museos y paisajes. Para ir del hotel al centro de la ciudad tenemos que tomar un colectivo que pasa por la ruta y se detiene en la parada a unos cuantos metros. La caminata a la parada se nos hace pesada en el calor del sol de verano. Nos vamos temprano a la mañana y volvemos al anochecer. Para ese entonces estamos cansados y yo me temo que mi esposo, que tiene 82 años, no pueda caminar el trecho de regreso. Somos los últimos pasajeros de la tarde en un autobús de larga distancia. Yo creo que el colectivo toma la mima ruta al regreso y hago un esfuerzo para explicarle al conductor que le agradecería mucho si nos pudiera dejar al frente del hotel, en una estación de servicio. El hombre parece entender mi pobre francés y detiene el enorme vehículo en el lugar indicado. Le agradecemos mucho y esperamos a que el bus arranque antes de cruzar la ruta hacia el hotel. Con sorpresa vemos que en lugar de seguir viaje, el autobús voltea en sentido contrario. Nos damos cuenta que la ruta de regreso no es la misma que la de la ida. Ésta es una de las muchas muestras de cortesía que recibimos en Francia.

xxxxxxx

La segunda experiencia maravillosa que recibimos en Francia es algunos años después, en 2006, cuando visitamos a la prima Juliette en su casa en Viviers, en la cima de una montaña con un magnífico panorama. El primo Christian y su mujer Ursula vienen de visita, lo cual hace una reunión de familia muy simpática y agradable.

El cuerpecito pequeño de Juliette y su cabello cortado al ras la hacen aparecer mucho más joven. Jaime le da el apodo de *hormiguita* porque corre de un lugar a otro ordenando, cocinando, limpiando y tratando de hacernos la estadía lo más placentera posible. Varios días antes ha preparado toda clase de comidas caseras que sirve con esos deliciosos quesos y vinos franceses. Ella y su esposo Gilbert nos llevan a conocer la ciudad. Los lugares más interesantes son los castillos y los museos. Todos los días nos invitan a lugares diferentes. Nosotros nos sentimos incómodos cuando insisten en pagar las entradas. Tratamos de llegar a la caja antes que ellos, pero nunca lo logramos.

Juliette y Gilbert nos llevan a Perrier, a conocer a la familia de la pequeña Josette, nuestra amiga francesa en El Paso. La ciudad está a unos 30 minutos de Viviers. Conocemos a su padre, su abuela y a su tía, toda gente muy simpática.

Esperamos poder corresponder algún día tantas atenciones cuando nos visiten en El Paso, pero nos enteramos que Juliette no puede viajar en avión por problemas del corazón. Se despide con lágrimas en los ojos, pero nosotros le prometemos volver en el futuro, una promesa que no podremos cumplir.

De izquierda a derecha: Gertrude, Jaime, Juliette, Christian

2008 - Nuestro Último Viaje a Buenos Aires

Cristiana, mi amiga de la infancia, y Roman, su esposo, van a celebrar su vigésimo quinto aniversario de casados. Lo van a festejar en Quilmes, una ciudad en las afueras de la capital federal, donde Cristiana y yo pasamos la niñez y la adolescencia.

Varios meses antes del primero de marzo de 2008, mi amiga de la infancia me llama por teléfono y trata de convencerme que vayamos a su fiesta. Yo le digo que no puedo dejar a mis estudiantes en pleno semestre. La oigo un poco triste cuando dice que hay ocasiones que se presentan una sola vez. No se me borran esas palabras de mi mente y se lo comento a Jaime. Por supuesto, mi querido esposo siempre está dispuesto a viajar.

Cuando llamo a Cristiana el siguiente mes, procuro no mencionar nuestra intención de viajar. Quiero darle una sorpresa. Sé por su hija Gaby que la fiesta será en el mejor hotel de Quilmes en un sábado, lo cual nos permite llegar a tiempo si salimos el viernes de El Paso. Tomo unos días de licencia en el colegio y reservo los pasajes.

Jaime y yo estamos muy emocionados cuando finalmente llegamos a destino. El viernes por la noche nos quedamos en un hotel de la avenida Córdoba, a unos 20 kilómetros de Quilmes. Gaby nos ha hecho las reservas en el mismo hotel donde se celebrará la fiesta. El día sábado a la tarde tomamos un taxi para dirigirnos al hotel. Esperamos con impaciencia que se haga la hora de cambiarnos de ropa para la fiesta.

Son las 21 horas y espero con ansias el momento de ver a mi amiga. Tomamos el ascensor al tercer piso. Hay bastante tránsito hacia ese lugar. Se ve que es una fiesta grande. El ascensor se detiene, y cuando se abre la puerta, lo vemos a Roman saludando a cada uno de los huéspedes que van saliendo del ascensor. No olvidaré su expresión de asombro al acercarnos a darle un abrazo. Le pregunto por Cristiana y me señala un lugar en una esquina del amplio salón. Nos escondemos detrás de otra gente que va en esa dirección. De pronto la sorprendemos y apenas nos ve lanza un grito y dice, *¡Ustedes están locos!* Abrazos y besos indican que está muy feliz.

Cerca de 100 personas toman lugar alrededor de más de 20 mesas con manteles blancos y vajilla fina. Las flores de todos los colores y las botellas de vino tinto le dan un tono sumamente festivo. A cada invitado se le da una servilleta bordada como recuerdo. Los mozos se abren camino entre las mesas y los huéspedes para servir una deliciosa cena hecha en casa de Gaby. Después del postre, aplaudimos a un comediante famoso.

Todo el mundo se divierte y expresa su felicidad con aplausos y risa. Gente de toda edad se levanta a bailar al compás de música sincopada. Cristiana baila con Roman, sus hijos y sus nietos. Sin duda, es una fiesta inolvidable.

Como es tradición en Latino América, la fiesta continúa hasta altas horas de la madrugada. Jaime y yo estamos contentos de tener una cama cerca.

Al día siguiente, la celebración sigue en lo que llamo el *country club* de Roman y Cristiana. La familia y algunos amigos se reúnen en el parque que con tanto esmero y esfuerzo mis amigos han forjado durante muchos años de trabajo y sacrificio. La casa de campo está rodeada de una respetable extensión de césped con toda clase de árboles y flores. El agua transparente de la enorme piscina a un costado es la alegría de toda la familia.

Es una ocasión muy especial en la que apreciamos la amistad que nos une con Cristiana y Roman, pero es la hora de la despedida.

Con pesar abrazamos a cada uno de la familia, y sus hijos nos llevan al hotel de la capital. Al día siguiente, lunes, paseamos por las calles que Jaime recuerda con tanto cariño y que recorría cuando trabajaba en su consultorio en la avenida Córdoba.

2008 - Un Viaje Triste

En el año 2008, después de la tercera operación que se le practica a Jaime, el cáncer se extiende de la próstata a otras áreas. Tiene dificultad para caminar, pero está perfectamente lúcido. Sus médicos piensan que un viaje a Hawái le haría bien. Le consigo una motoneta para lisiados y hago las reservas para ir a Honolulu.

Tenemos un viaje agradable en nuestro medio de transporte habitual, American Airlines. Pronto desembarcamos en la capital de Hawái. Tanto Jaime como yo tenemos pases de ómnibus para gente mayor de 65 años. Como siempre, trato de ahorrar cada centavo y en lugar de tomar un taxi, prefiero que vayamos en colectivo. El problema se presenta cuando en la parada del ómnibus empieza a lloviznar y la motoneta, que tiene una parte eléctrica, no quiere funcionar en la humedad.

The Bus, la compañía de colectivos, tiene fama de ser la primera en Estados Unidos. Pronto comprobamos que es cierto. Después de esperar unos 15 largos minutos, llega el bus. Le explico el problema al chofer quien prestamente baja la plataforma y se apea del bus para empujar la motoneta con Jaime encima al interior del vehículo. Al llegar a destino, nuevamente nos ayuda con la motoneta. La llovizna sigue y empujo la motoneta debajo de una cornisa para que no se moje. Le pido a Jaime que me espere mientras cruce la calle a pedir las llaves de nuestro departamento. Tenemos mucha suerte. Una joven pareja se ofrece para ayudarnos con la motoneta y valijas. En la entrada del edificio, el guardia también nos ofrece su ayuda.

A Jaime le encanta Hawái, especialmente Waikiki, pero esta vez este viaje es un verdadero desafío. Quiere mirar negocios pero no está acostumbrado a manejar la motoneta. Tengo que cuidar de que no se lleve por delante las cajas de chocolate apiladas en los pasillos, o los peatones en la calle, lo cual sucede más de una vez. También quiere ir a la playa, pero la motoneta se niega a circular en la arena.

Para peor, un rayo cae sobre las usinas de electricidad y toda la isla de Oahu queda a oscuras. Algunos edificios tienen sus propios generadores para casos de emergencia, pero la oscuridad es total. Por suerte nuestro edificio está equipado con un generador, pero sólo uno de los tres ascensores funciona. Cuando finalmente llegamos al piso 28, tratamos de encontrar el camino a nuestro departamento con la luz del teléfono celular.

Cuando le ayudo a Jaime a acostarse son las 24 horas. No hay radio ni televisión y la cocina es eléctrica. No hay qué comer. Me voy a dormir pero no concilio el sueño. En la oscuridad, tengo visiones de terroristas que quieren asesinar al presidente recién elegido, el Presidente Obama, quien llegó a la isla ese mismo día. Quiero llamar a mis amigos en El Paso, pero hay cuatro horas de diferencia y no los quiero molestar en medio de la noche.

Finalmente, a la madrugada oigo voces en el pasillo. Voy a investigar y me entero que alguien oyó por la radio del coche que el problema se solucionaría muy pronto.

Demás está decir que no nos quedamos toda la se mana como habíamos proyectado. Llamo a American Airlines y nos dicen que disponen de pasajes para llevarnos de vuelta tres días antes.

El capitán de la nave evidentemente se enteró de nuestro problema y después de aterrizar en Dallas, viene a saludar a Jaime.

Octava Parte: Mirando en el Espejo Retrovisor

Añoranzas

En Argentina, país maravilloso que fue mi segunda patria, viví 40 años, más años que en el Perú. Allí estudié mi carrera de médico. Me recibí de médico y trabajé unos años como neurocirujano y 28 como médico psiquiatra y forense.

Mis años en la Argentina fueron muy buenos hasta que los militares derrocaron el gobierno y tomaron el poder por la fuerza. Ellos tenían otros planes y su propia gente para los más altos puestos en el país.

Mi cesantía no se hizo esperar. Una mañana me llegó a mi servicio la noticia de que había declarado cesante. La revolución que estaba en plena marcha se declaró exangüe: Sin tiroteos ni fusilamientos se estaba limpiando el país con una sanitaria operatividad. Los exilios silenciosos menudeaban. Dos amigos míos Stephan Strossen y Deira se exiliaron para morir después, el primero en Madrid, y el segundo en Paris.

Los aviones, nefastas aves negras de la muerte, partían silenciosamente en las madrugadas con su cargamento humano en pos del alta mar para arrojar sus cargas que servían de pasto a los tiburones mientras las madres plañideras de Plaza de Mayo concurrían a Casa de Gobierno por sus hijos desaparecidos que no volverían a ver jamás. Fueron tiempos duros, crueles, y despiadados. Había llegado mi momento de partir.

De la Argentina salí a Estados Unidos, pero no por propia voluntad. Fui dejado cesante en el Hospital Neuropsiquiátrico Borda por razones de seguridad de estado. Eso fue lo que le explicaron a un amigo que preguntó cuáles eran las razones que habían determinado esa medida. Nunca falta gente envidiosa, engendros de albañal *que uno siempre encuentra en el camino y que si bien no merecen siquiera llevar el nombre de argentinos, los hay, pero los hay también en todas partes.*

Mi alejamiento de la Argentina, mi segunda patria, tierra dulce, buena y generosa, fue muy doloroso. No volví al Perú, sino a Estados Unidos, una tierra con una lengua diferente. El bajel de mi existencia lo conducía arcangélicamente y con gran ternura, Gerty, que había resultado ser una mujer maravillosa y excepcional en mi vida, sobre todo en estos momentos cruciales de desarraigo, despojo de mis cargos, el alejamiento de mis entrañables hijos y amigos, y de mis pacientes. Partí con una tremenda carga de pesar y dolor. Mis 44 años en la Argentina habían terminado con infinita pesadumbre, que solamente podía atenuar la ternura y amor constante de Gerty, compañera fiel y ecuánime en todo momento. Con sus palabras y sus consuelos traía un bálsamo de sosiego y de

Oda al Amor

bondad. ¡Argentina, querida Argentina, adiós! Qué buena madre fuiste para mí. ¡Argentina, vales un Perú! Te recordaré siempre como mi bien amada. Como el sumun de lo mejor del mundo. Lloro de pena pero también de alegría porque estarás eternamente presente en mi corazón de médico, de hombre, de peruano y de argentino.

La última vez que fui con mi esposa a Buenos Aires, preguntando siempre por mis colegas, amigos personales, me informé que la mayoría había desaparecido. Ya no pregunté más porque la gente me miraba asombrada preguntándome de dónde venía y dónde vivía porque no estaba enterado que tal o tal persona había muerto. Prácticamente, soy el único sobreviviente de esta linda camada de colegas cercanos cuya desaparición lamento hasta hoy, aunque no me entristece la muerte del Che porque me enteré años después que asesinaba a los solda-

dos de Batista con su propia mano. Eso no debe hacer un médico jamás.

En Estados Unidos, en la ciudad de El Paso, me siento muy cómodo. Es una ciudad maravillosa también. Me recibió si se quiere con los brazos abiertos y en la que vivo desde hace 27 años con mi tercera y última esposa, que se sintió en su propia cultura, según ella.

Reflexiones

Amo la vida con todas mis fuerzas. Ella me dio una existencia sin cefaleas, cólicos, calambres o dolores dentales. Así, por eso, he perdido casi todos mis dientes. Nunca me molestaron las caries. Amo también la amistad con toda la fuerza de que soy capaz. La amistad es el sol de la vida. Busco amigos por todas partes. La desaparición de ellos me causa una profunda congoja que me conmueve hasta las más íntimas entretelas de mi cuerpo y cada una de las células de mi ser. No temo la muerte, que es la condición sine qua non de mi vida pero detesto las calamidades, las catástrofes, las desgracias que son las enfermedades inevitables de todo lo que vive.

Amo los viajes en barco. Detesto, sin embargo, los vuelos por avión. Subo a los aviones con aprehensión y estoy alerta a cada temblor y estremecimiento de sus motores, que no los oigo porque estoy muy sordo, pero los presiento con mi sexto sentido. Esta actitud alerta y expectante cede solamente cuando los jets dejan de rugir y empiezan el descenso.

Amo a los sobrevivientes ilesos de las calamidades. Amo a los veteranos. Amo a esta entrañable y hospitalaria ciudad de El Paso y a los sabios que investigan y estudian las profundidades de la vida y los tremendos misterios del genoma porque quiero una vida interminable, infinita pero no perdurable pero si muy duradera.

Amo a todas las criaturas vivientes, flores y pájaros, especialmente a los ciervos, gallos, y caballos por su belleza y hermosura. Y tanto detesto a los tiburones, a los cocodrilos y a las orcas. Detesto también a los serviles envidiosos, perversos y maledicentes. Toda ésta es la verdad de mi vida. Creo en la amistad y en el amor de Gerty, mi esposa, sobre todas las cosas. Recuerdo entrañablemente a mis amigas como Irma, Janine, María Elena, etc. con quienes compartí la felicidad del amor y la dicha del placer. Ninfas que perduran en mi mente como estrellas que irradian sobre mi ser o el ser que soy yo. La dulzura de sus días y sus noches alejan de mí las tristezas y desencantos de vivir. Casi siempre iluminan ese revivir del pasado sentimental y placentero con sus dulces y cálidas remembranzas.

Gertrude Probst Muro

La Pérdida de Mis Tierras

Poco antes del año 1970, la famosa pesadilla que se llamaba Reforma Agraria tuvo lugar y todos nosotros, los poseedores de tierras, lo perdimos todo. Mi familia entera estaba entre los damnificados. El Presidente Velasco Alvarado brindó esa noche en el Palacio de Gobierno con el Vicario de Stalin, el ministro Molotov. Brindaron no con champagne, whisky o coñac, bebidas burguesas decadentes, sino con Vodka, que esa noche corrió a raudales. Se brindó, por supuesto, por los campesinos para quienes serían las tierras expropiadas a los terratenientes explotadores. Los campesinos nunca recibieron esas tierras que se dejaron de sembrar y que quedaron abandonadas, convirtiéndose en enormes pajonales estériles, en terrenos eriazos. Así también las maquinarias agrícolas y los molinos de pilar arroz quedaron abandonados y se fueron deteriorando por el desuso, los rigores del verano, los vientos y las lluvias para quedar convertidos en una chatarra inservible. A falta de trabajo, miles de personas ejercían la mendicidad, la vagancia o el pillaje. El Perú importa ahora todas las gramíneas que estas tierras producían antes.

Este es el corolario final de una revolución encabezada por un cachaco ignaro y beodo que fue incruenta, empobreció a una clase social despojada y dejó sin trabajo a miles de trabajadores agrícolas que se convirtieron en un gentío multitudinario y famélico que rondaba las ciudades en busca de pan y trabajo, invadiendo los suburbios en busca de refugio.

Novena Parte: Tiempos Felices

Nuestras Mascotas

Otra vez el coro de sopranos y chillidos. El aullar de la ambulancia o de los bomberos incita e invita a mis seis perritos salchicha a imitar las sirenas. Y no debo olvidarme del chihuahua mezcla con quién sabe qué otra raza. Él siempre da la nota en el momento oportuno para formar un grupo orquestal perfecto que sería la envidia de cualquier director.

Cuatro de mis mascotas duermen en *Doggieville*, en lo que fuera nuestro patio. Myra es la más activa. Con su larga y esbelta figura, Myra corre y salta como una gacela. Al caminar, parece que flotara sobre un colchón de aire. Cada paso es tan delicado como el de una bailarina. Su pelo sedoso y suave invita a hacerle caricias. Abro la pequeña puerta que separa el patio de la sala y cocina, y corro para apropiarme de mi sillón favorito antes de que ella llegue primero. Apenas tengo tiempo para sentarme cuando la tengo en la falda. Trato de evitar sus besos pero ella no abandona las esperanzas. Algún día se las arreglará para darme un lengüetazo en medio de la cara con esa larga lengua rosada y húmeda que tiene. Los ojos de Myra hablan. Su mirada tierna y dulce parece decir, *Te quiero tanto*. Myra es la más obediente de todos. Hace lo posible para complacerme y frunce el ceño para entender cada palabra.

Blackie, su hermana, es lo opuesto. Ella siempre quiere salirse con la suya. Como todos los de su raza, no quiere obedecer. Es prepotente. Quiere ser el centro de atención y le salta encima a cualquiera que se le ponga a tiro.

Mac, el chihuahua, tiene su propia personalidad. Él es un filósofo. Con sus ojitos inteligentes observa lo que está sucediendo, pero no participa en ninguna pelea. Todos los demás le prestan mucha atención, inclusive el peso pesado de Wally alias El Soprano Histérico por sus alaridos agudos cuando ladra. Mac es un tipo feliz a juzgar por sus patitas traseras que van golpeando el piso, una a la vez, repetidas veces, cuando corre. También es cómico por sus orejitas que van en distintas direcciones según su estado de ánimo. Van hacia arriba cuando me mira pero van hacia atrás cuando lo acaricio.

Estos cuatro perros duermen adentro de la casa de noche, pero pasan el día en un sector del jardín del fondo de la casa, jugando y comiendo las frutas que caen del viejo manzano. El otro lado del jardín está detrás de la piscina. Ahí juegan y ladran Dolly, alias La Talibana, y Sunshine, su paciente compañera de años. Sunshine es una dulce perra salchicha de pelo largo que duerme en una casa perfectamente aislada con Dolly. Sunshine no puede compartir la vida agradable de los cuatro perritos porque piensa que su misión en la vida es ladrar todo el tiempo y a todo el mundo. Ella y Dolly parecen ser felices en su lugar del jardín.

Dolly, o La Talibana, es una perrita completamente diferente de todas las demás. Si la misión en la vida de Sunshine es ladrar, la de Dolly es molestar a todo el mundo. Ya de cachorrita nos hacía la vida imposible. Apenas habíamos cerrado todos los posibles lugares en el alambrado por donde podía escapar, ella encontraba otro por donde salir a la calle. La tuvimos que rescatar de la calle corriendo a los coches, y la tuvimos que ir a buscar en el fondo de la casa de la vecina cuando trepó un muro con la velocidad y agilidad de un gato. Además destrozaba y destroza cuánto material encuentra. Ella parece tener dientes hasta para perforar metal. Pronto nos dimos cuenta que Dolly no puede convivir con seres civilizados.

Cuando mis cuatro perritos eran pequeños, Dolly los mordía. Ahora que son adultos, ellos se vengan y todos juntos la van a morder. No los puedo dejar en el mismo sector del jardín. Están separados por un tabique a través del que se comunican, pero sus ladridos no son amistosos. Pueden oírse a gran distancia.

Mi séptima perrita, también salchicha, es Katia, la reina. El pelo gris alrededor del hocico indica que se está poniendo viejita. Katia se lleva bien con todos y todo el mundo la respeta – cuando no estoy cerca. Apenas me ve, Mac se abalanza sobre ella para morderla, pero Katia no se defiende. Entonces la tengo que rescatar.

Katia es un perrita dulce y obediente que no es capaz de hacerle daño a nadie. No está en ella. Los cuatro gatos que tengo en un sector separado de la casa pueden atestiguar al respecto. Por eso tiene privilegios que los otros perritos no tienen. Katia duerme en mi cama. Como ya no tiene la destreza de cuando era joven, encuentra que la cama es demasiado alta para ella. Entonces sube una escalerita apoyada en la cama para tal fin.

Katia no sólo tiene una actitud muy positiva, sino una lealtad inquebrantable. Como todos los perros, a Katia le gusta dar un paseo. Hace un tiempo, mientras la llevaba de la correa por el barrio, tropecé y me caí de bruces. En lugar de salir corriendo, Katia se sentó a mi lado esperando hasta que yo me pudiera levantar.

Siete perros y cuatro gatos. Es por eso que tuve que dividir mi casa en dos. Un área es para los gatos, y el otro es para los perros. Los gatos no pueden salir a la calle, pero disfrutan de un salón amplio y soleado, y un pequeño jardín de rosas. Bob, también conocido como El Muchacho, es el charlatán. Habla a toda persona que se le acerca pidiendo caricias. Ted, El Blanco, es un gato grande que también quiere ser acariciado, pero no habla. Los otros dos gatos son poco sociables. Son gatos salvajes que nunca nos han tenido confianza.

No tuve ninguna perrita como mi primera Dolly, tan distinta de La Talibana. A ninguno de los perros que tengo ahora le gusta el agua. Trato de hacerlos nadar, pero se ponen más serios que perro en bote. Quieren salir del agua enseguida. La primera Dolly, también de pelo marrón, se tiraba al agua cuántas veces le arrojáramos un tiburón de plástico.

También mi primera Myra y su hermano negro, Oscar, eran graciosísimos. Mi primera Myra se lanzaba al agua para recuperar el juguete, pero su hermano no quería saber nada de meterse en la piscina. Oscar la esperaba al borde de la piscina, y cuando el juguete estaba a tiro, lo trataba de sujetar entre los dientes. Cuando así lo lograba hacer, tiraba fuerte del plástico y lo sacaba con Myra detrás, ya que ella tampoco cedía. Oscar corría a un rincón con su preciado juguete, con su hermanita detrás.

No todas las memorias de mis queridos seres de cuatro patas son alegres. Tengo los ojos llenos de lágrimas cuando recuerdo la triste muerte de mi Tim, otro salchicha de pelo largo, que se ahogó en la piscina. A Tim le encantaba nadar y en las calurosas noches de verano lo oíamos tirarse al agua. Ya de viejo tenía cataratas y se cayó en la piscina cuando estaba puesta la cubierta solar. No encontró la salida.

También lloré cuando Myra, la nadadora, encontró la muerte cuando ya de vieja se cayó de un balcón en casa de la persona que la cuidaba cuando nos ausentamos de la ciudad. Su hermano Oscar contrajo una enfermedad que el veterinario no pudo combatir.

Todas nuestras mascotas son de El Paso Rescue League, una organización sin fines de lucro que ubica a perros y gatos con gente que los quiere adoptar. Nuestras mascotas tienen una vida que posiblemente no tendrían en otro hogar. Los tratamos con cariño y los cuidamos como si fueran miembros de la familia.

Las mascotas cambian una vida. Hacen feliz a las personas. Dan trabajo si uno los quiere bien, pero el tiempo y dinero invertidos bien valen la pena a cambio de su amor incondicional.

Blackie y Myra

Fiesta

Jaime es muy amiguero. Siempre hace nuevos amigos en todas partes. Jamás discrimina contra raza o religión. Aún cuando hay una barrera de lenguaje, él atrae a gente de cualquier origen o extracción. Su confianza en sí mismo, su buena apariencia y su sonrisa amable son como un imán. Al comienzo de nuestra estadía en los Estados Unidos Jaime hace amigos entre los profesores de los departamentos de lingüística y psicología en la Universidad de Tejas en El Paso. Aún los anglos monolingües tratan de comunicarse con él en su castellano rudimentario. A medida que pasa el tiempo, muchos de estos nobles amigos fallecen, pero Jaime siempre encuentra nuevos amigos. Uno de ellos es Luis Chaparro, el director de la biblioteca en EPCC. Otro amigo es Jaime Farías, un decano en EPCC. Otros son los amigos de la Alianza Francesa a la que yo concurro para refrescar mi francés. Por un tiempo, Jacques Barriac y su encantadora mujer Jessica vienen a casa todos los viernes para aprender castellano. Así también lo hace Ingo Schramm, el director de la escuela alemana en Fort Bliss. Todos ellos son amigos especiales cuya amistad Jaime retribuye con afecto.

Todos los años, meses antes de su cumpleaños, Jaime hace una lista de todos aquellos amigos que quiere invitar a nuestra casa para celebrar la felicidad de disfrutar de un año más en la vida. También confecciona una lista de toda esa comida deliciosa que va a preparar. Los primeros platos que se le vienen a la mente son peruanos: papas a la huancaína, ceviche al estilo peruano, chupe y papas rellenas entre otros. La comida alemana que Jaime prepara es también muy buena: Gulasch mit Spätzle –un guiso estilo alemán—es un ejemplo.

Jaime comienza la preparación de la comida varios días antes de la fiesta para tener todo listo para los 30 ó 40 invitados. Ponemos todas las sillas que encontramos en la casa y en el jardín delante de mesas largas especiales para fiesta que sacamos del garaje. Los manteles blancos y las flores de vivos colores decoran cada una de las mesas en ésta ocasión especial.

Como buen perfeccionista, todos los años Jaime se pone nervioso. Cuando llegan los primeros invitados, la comida ya ha sido colocada en los mostradores de la cocina. A un extremo de un mostrador se encuentran los vasos, platos, cubiertos y servilletas y en el otro extremo un gran recipiente de vidrio lleno de vino tinto, Canada dry y gajos de naranjas que tientan hasta al más empedernido abstemio.

Es el momento de disfrutar de una comida sabrosa y del *joie de vivre* y de hacerles saber a nuestros amigos que son muy apreciados.

Josette

Conocí a Josette en el año 2002 al inscribirme en la Alianza Francesa de El Paso. Josie tenía 18 años en aquel entonces. De pequeña estatura, con facciones bonitas, y una figura esbelta, aparenta menos edad. Nunca nadie diría que ella es nuestra profesora de francés. Su andar alegre y su amplia sonrisa hacen la clase amena y divertida.

En cuanto se la presento a Jaime, da en el blanco cuando dice, *Es una Muñequita.* Desde ese entonces, ya no es Josette o Josie sino La Muñequita.

Josie nunca conoció a su mamá y yo nunca tuve hijos – una combinación perfecta. Muchas veces la invitamos a comer y a veces ella se queda en nuestra casa para cuidar a las mascotas cuando salimos de la ciudad. Me gustaría que se quedara para siempre en casa, pero Josie es muy independiente.

La historia de Josie comienza cuando desembarca en Dallas, Tejas, sin hablar más que francés. Apenas tiene 16 años. Afortunadamente nació en Miami, así que tiene un pasaporte americano, lo que facilita su entrada al país.

El primer trabajo que encuentra es en una chacra cuyos dueños son mormones. Se le paga un mísero sueldo para realizar trabajo para gente de buenos músculos. Después de 5 ó 6 meses se le ofrece un empleo como niñera en la casa de una familia luterana quienes tienen la bondad de ayudarle a pagar por clases de inglés. Josie estudia con ahínco, y tiempo después recibe el certificado de GED – general equivalency diploma—que se les otorga a aquellas personas que no han completado los estudios secundarios.

Tres meses después, Josie va a Houston y de ahí a College Station, Tejas. Encuentra un trabajo en Fazioli, un restaurant de comida rápida. Suplementa sus ingresos dando clase de francés en su departamento. Con fondos del gobierno, Josie toma más clases de inglés en Blinn College y Tejas A&M.

Josie aprende con rapidez. Al poco tiempo, puede entablar y mantener una conversación. En College Station se enamora de un Méjico-americano oriundo de El Paso. Es entonces cuando aprende también el castellano. En diciembre lo sigue a El Paso para pasar las navidades con la familia del muchacho.

Los padres del muchacho están contentos que su hijo esté de novio con una chica tan simpática y decente. Por desgracia, el romance se acaba pronto cuando el muchacho la deja por otra.

Josie entra en un estado de depresión pero se arma de coraje para inscribirse en el programa de inglés como segunda lengua en EPCC. En El Paso encuentra otros empleos. Sus próximos lugares de trabajo son Flying Colors Living Center, que es un centro infantil, Delicias Café, y Sarita, un negocio que recibe ropa para arreglar.

Su suerte cambia drásticamente cuando en Sarita conoce a mis amigos Jessica Barriac y su esposo francés Jacques, que es el fundador de la Alianza Francesa. Jessica está muy contenta de conocerla y le pregunta se quisiera dar clases de francés en la Alianza Francesa, oferta que Josie acepta inmediatamente.

Mis compañeros también se enamoran de Josette. Aprendemos mucho francés con ella. Después de clase, la llevo a su casa. Tenemos largas conversaciones en castellano, que ahora ya lo habla con fluidez.

Desgraciadamente, pronto Josie quiere desplegar las alas. La perdemos como nuestra profesora de francés cuando la emplean en La Paz Language Academy. Muy pronto se ve rodeada de niños de todas edades que quieren aprender el idioma con una maestra tan simpática y bonita. Cuando terminan las clases y comienza el verano, Josie les ofrece a sus alumnitos clases en su casa.

La directora de la academia La Paz no le perdona que se haya llevado a los alumnos, así que Josie pierde su empleo en el siguiente año escolar. Josie no se descorazona. Ahora sabe suficiente inglés y castellano para impartir clases en ambos idiomas. Muy pronto encuentra alumnos particulares que quieren clases en sus casas.

La universidad de Tejas en El Paso la admite como estudiante. Trabaja muy fuerte y con el tiempo se gradúa con el título de bachiller en artes y letras. Quiere seguir estudiando para hacer la maestría y el doctorado, pero un mejicano descendiente de japoneses se le cruza en el camino.

Daniel le ruega que se casen. Ambos tienen 27 años ahora. Daniel se va a graduar con una maestría en terapia física en diciembre de 2013, y Josie se va a recibir con una maestría en lectura y escritura en mayo del mismo año. Su sueño de poder estudiar lingüística tendrá que ser postergado ya que la contrataron para dar dos ó tres clases de lectura en EPCC. Ahora trata de cumplir con otra meta: la de llegar a ser profesora de tiempo completo en EPCC.

Siento mucho orgullo y admiración por Josie, mi Muñequita.

Amigos

Cuando se le preguntó a Aristóteles qué era un amigo contestó, *Un amigo es un alma que mora en dos cuerpos.* Hay tanta verdad en ésta frase. Yo cuento con un número de amigos fieles y sinceros. Aunque vivimos en distintos hemisferios, mi amiga Cristiana siempre está al otro extremo de una línea de teléfono. De niñas y también después de casadas, disfrutamos de nuestra amistad por mucho tiempo. Somos como hermanas. Ella siempre está a mi lado aunque sea espiritualmente.

Luego está Susana que conocí en Mar del Plata. Nos hacemos amigas en los momentos más difíciles de nuestras vidas, cuando los matrimonios de ambas están a punto de derrumbarse.

Susana sufre mucho el fracaso de su matrimonio. Llega un momento en el que su salud está en peligro. Además de adelgazar considerablemente, le tiemblan las manos a tal punto que no puede firmar un cheque.

Decido hacer algo para ayudarla. Yo conozco a un buen médico psiquiatra en la capital federal y le ofrezco a Susana llevarla en mi pequeño Fiat por la Ruta 2 desde Mar del Plata a Buenos Aires, a unas cuatro horas de distancia. Felizmente, después de un tratamiento en un nosocomio, Susana se recupera de su tremenda depresión.

En los Estados Unidos, la Doctora Carina Ramirez, buena amiga y colega, siempre está a mi lado en situaciones difíciles. Ella y mi otra buena amiga, Lavoyne Newman, me ofrecen todo su apoyo espiritual al fallecer mi esposo. Las tres viudas, ahora somos compañeras de viaje.

Al ser miembro de la Alianza Francesa, tengo buenos amigos ahí también. Jessica y Jacques Barriac me han ayudado en muchas ocasiones. Los quiero a los dos. La Doctora Margarita Jaques, médica ginecóloga en Juárez, Méjico, a menudo me visita en El Paso. No olvidaré sus palabras cuando yo las necesitaba más que nunca. Después del deceso de mi adorado Jaime, me dice, *Jaime y tú siempre andaban juntos. Se han convertido en uno. Jaime no falleció. Él vive en tí.* Aprecio mucho esas palabras. Es eso lo que siento.

Kristen

No puedo olvidar la primera vez que veo a Kristen. Rubia, de ojos azules, esbelta, con una sonrisa tímida en un bello rostro que se sonroja al estrechar mi mano, espera a su novio, Andrés. Su voz es suave y sus ojos expresan honestidad. Inmediatamente me agrada.

Andrés se gradúa de la Universidad de Tejas en El Paso en 1986, año crucial para ambos. Andrés quiere independizarse, y Kristen está muy enamorada de él. Se casan el mismo año.

Kristen trabaja como profesora de gimnasia en las escuelas públicas y Andrés consigue un empleo en EPCC como profesor de inglés. La entrada de ambos es mísera pero no les quita la felicidad de compartir un pequeño departamento. Tienen un coche en estado deplorable, con un anuncio que dice, *Soy sensible a las críticas,* pero el vehículo los lleva a todos lados.

Jaime está feliz que Andrés y Kristen vengan a menudo a visitarnos. Nuestra relación es buena, y los llevamos con nosotros en varios viajes. Además de acompañarnos a Europa, vienen con nosotros a Florida en Estados Unidos y a otros lugares interesantes.

Unos años después, cuando Andrés se gradúa con una maestría, lo contratan en el Centro de Analfabetismo en EPCC. Los dos están felices cuando pueden comprar una linda casa en El Paso.

Kristen y Andrés tienen una buena relación marital durante diez años cuando repentinamente la atención de Andrés para con Kristen se extravía. Él prefiere a su jefa en EPCC.

Kristen está desconsolada. A menudo viene a llorar en mi hombro. Mi corazón llora por ella y sufro su separación de Andrés y después su divorcio. Su psicóloga le recomienda que dé vuelta la página y que evite toda situación penosa.

Kristen ya no está en mi vida, pero sigue fielmente en mi corazón. Años más tarde, la encuentro de casualidad en un negocio y me entero que sigue sola. Yo le deseo lo mejor.

Gertrude Probst Muro

Kristen y Andrés en su día de boda

Mi Trabajo en EPCC

Hay gente que aborrece los lunes a la mañana y arrastran los pies a su lugar de trabajo a paso de caracol. Otros van a trabajar con alegría. Yo pertenezco a este grupo.

Mi experiencia como docente durante veinte años en la Argentina y mi maestría en lingüística en los Estados Unidos son una gran ventaja cuando se me ofrece el mejor puesto en El Paso. En 1984, recibo la buena noticia que me han contratado en EPCC.

Los resultados de cincuenta años como docente han sido muy satisfactorios, especialmente en EPCC, donde he trabajado durante 28 años. Nuestros estudiantes en el departamento de enseñanza de inglés como segunda lengua son muy especiales. Vienen de México, donde la docencia y los profesores son altamente reconocidos y respetados. La mayoría de los estudiantes aprecian la oportunidad que se les brinda de poder seguir sus estudios. El idioma inglés no les es fácil aprender. Muchos de ellos trabajan de tiempo completo pero hacen un tremendo sacrificio para poder cumplir con todas sus obligaciones. Muchos vuelven a agradecernos por todo lo que han aprendido. Algunos reciben el grado de bachiller en UTEP, y hay otros que nos invitan a festejar su graduación de la escuela de graduados. Mi colección de cartas y tarjetas son prueba de su apreciación.

Disfruto trabajar con mis colegas. En la oficina al lado de la mía, la profesora Sandy Peck me ha dado muchos ánimos para que siguiera escribiendo. Gracias a ella y a la profesora Nancy Natalicio, en el centro Osher en UTEP no dejo de tener esperanzas de que éste libro se publique algún día.

La decana de nuestro departamento, Susana Rodarte, y sus empleadas son muy amables y corteses. La gente amable y servicial, los espacios abiertos en el colegio, los jardines, la tecnología más adelantada, todo ello contribuye a que me sienta como en mi segundo hogar.

Desgraciadamente, una situación desagradable hace unos años mancha el cielo azul de El Paso con una nube negra. Cuando yo supervisaba a los profesores adjuntos, les pedía ocasionalmente las carpetas de los estudiantes para comprobar si hacían sus tareas de composición. Cuando llegó el momento de ir al salón de clase de una de las maestras, me entero que en lugar de ensayos hay hojas de escritura libre sin corregir. Le indico a ésta persona que los alumnos no van a aprender si no se les evalúa los trabajos, pero la maestra hace oídos sordos a mis consejos. Poco tiempo después recibo un correo electrónico insultante que también es copiado a la decana, a la coordinadora, y al vicepresidente de asuntos académicos. Entre otras cosas, ésta persona dice que la insulté, y que le arrojé las carpetas en el escritorio delante de todos los alumnos. Al mismo tiempo se encarga de que todos los que conversan con ella se enteren de mi "comportamiento inapropiado".

Para ese entonces mi labor abnegada durante 20 años es reconocida y apreciada por alumnos, colegas, y personal administrativo. Inmediatamente contesto ese correo electrónico infame y lo copio a todos los destinatarios correspondientes. Ninguno de ellos hace caso omiso a dicha mujer. Evidentemente frustrada, la maestra envía otro correo electrónico tan insultante como el primero. Nuevamente, no hay respuesta. Esta vez me aconsejan que le haga juicio por difamación.

Por supuesto que nunca más le dirijo la palabra a ésta persona. Cuando la veo venir por el pasillo, desvío la mirada. Los colegas de otras disciplinas que anteriormente me saludaban con un seco *hola*, ahora son mis amigos y me saludan con una sonrisa.

Décima Parte: El Final
El Último Cumpleaños de Jaime

Como es nuestra tradición, en febrero del 2009 festejamos el cumpleaños de Jaime. Después de nuestro viaje a Hawái no tengo las fuerzas necesarias para ayudarle a levantarse de la cama. Finalmente, con mucha pena, llamo al hospicio El Paso Hospice. Su cumpleaños es el 7 de febrero, pero su padre se olvida de anotarlo en el registro civil, donde queda registrado el 3 de marzo.

Jaime no puede hacer lo que tanto lo divertía. Ya no puede cocinar. Yo quiero que vea a sus amigos por última vez y les mando a todos una invitación.

No he preparado la comida en mucho tiempo, así que pongo lo mejor de mí y preparo toda clase de comidas peruanas, alemanas e italianas. Decoro la sala y el comedor con flores y globos de todos los colores. La casa se ve llena de alegría. A todos les gusta la comida y algunos repiten el plato.

Hasta los médicos de Jaime, los doctores Kaim y Guerra, dedican su valioso tiempo para venir a la fiesta. Un desfile de gente pasa del comedor al dormitorio donde Jaime está en una cama de hospital. Todos se regocijan de hablar con él.

Jaime está muy emocionado porque no le ha fallado ni un amigo. Es una ocasión feliz.

El Día Más Triste de Mi Vida

Marzo 3, 2009. Jaime no ha comido nada por dos semanas. Está hecho una espiga. La medicación que debe tomar le da alucinaciones. Está convencido de que hay una mujer debajo de su cama. A la tarde, su respiración se hace pesada y comienza a gorgotear. Mi amiga Lavoyne está de visita y dice que es el sonido característico de una persona que está agonizando.

Son más de las 17 horas y en el hospicio queda muy poco personal. El único enfermero de turno está con otro paciente. Andrés y yo tratamos de ayudarle a estar más cómodo levantándole las almohadas, pero Jaime continúa con problemas respiratorios. Me siento al pie de la cama y Andrés está a su lado dándole pequeños sorbos de agua cada vez que Jaime levanta un dedo. Los queridos ojos de Jaime están enfocados en los míos todo el tiempo. Pasa el tiempo y vuelvo a llamar al enfermero. Todavía no puede venir.

Finalmente, poco antes de las 21 horas el enfermero anuncia su visita. Viene a tiempo. Pide a todos menos a mí que salgan del dormitorio. Ni bien salen, Jaime expira aún mirándome a los ojos. Es el día oficial de su cumpleaños, el 3 de marzo, 89 años después de su nacimiento.

La Familia Muro

La historia de la familia de Jaime es muy interesante. Cerca de la ciudad de Chiclayo, en Ferrañafe en el norte de Perú, había un cura de nombre José de los Santos Pacheco Irigoyen, que tuvo amoríos con una india, quien tuvo gemelas. Una de ellas, Prudencia, se casó con un Muro proveniente de una familia de antiguo linaje, cuyo primitivo solar radicó en Cataluña, España, por el año 1068. Siglos más tarde, una rama de los Muro fue invitada por el Rey don Jaime I de Aragón a poblar la ciudad de Valencia que el rey había conquistado. En 1799, el Licenciado José María de Muro fue reconocido en su hidalguía por la Real Audiencia de Pamplona, como descendiente de los Muro de la antigua ciudad.

Cuando falleció su padre, el cura Pacheco, Prudencia heredó una cantidad enorme de oro y dinero que él había sacado de la iglesia proveniente de las dádivas de los parroquianos. Con la invasión de Chile en Perú, Prudencia alcanzó a esconder el tesoro en una casa lejos de la ciudad, en pleno desierto. Un pariente de Jaime dinamitó la construcción y se llevó gran parte del oro. De todas formas Prudencia seguía siendo una mujer rica cuando se casó con un Muro llegado de España.

Los Muro vivían bien y sus propiedades que constaban de tierras muy fértiles les daban buena ganancia. Hacían trabajar a esclavos y

Tuvieron el primer automóvil en el pueblo, un Studebaker, por supuesto con chofer. Una sirvienta debía atender solamente a unos cuantos gatos a los que les daban jamón todos los días. Los bañaba para que estuvieran siempre limpios, les cepillaba el pelo y les ponía moños en el cuello para que lucieran hermosos. También una tía de Jaime amaba a los animales y pintaba las gallinas de todos los colores para embellecer el jardín.

Jaime heredó una gran extensión de tierra fértil en Pítipo, Ferreñafe, cerca de Chiclayo y no hubiera necesitado trabajar para mantenerse con lo que le daban las cosechas. Cuando se fue de su casa para estudiar medicina en Buenos Aires, la madre le dijo, *Ya vas a venir a pedir tu parte como lo hicieron todos los demás.* Sin embargo, Jaime no tocó un centavo de su fortuna y mientras estudiaba en la universidad vendía libros para la editorial El Ateneo. Muy elocuente, Jaime sabía vender y en los primeros días de cada mes ya había cumplido con su cuota de la venta de libros para mantenerse.

tenían un séquito de sirvientes que solo hablaban inglés porque los importaban de Jamaica.

La madre de Jaime, María Antonieta Crousillat Cabrejos, era hija de François Crousillat proveniente de Marsella, Francia. También adinerado, Crousillat perdió toda su fortuna cuando su barco repleto de muñecas y otra mercancía para América del Sur fue torpedeado por piratas en el Pacífico. Medio muerto y abrumado por la desgracia, lo llevaron a la costa de Perú donde decidió quedarse hasta saber qué hacer de su vida. Con el tiempo, conoció a una mujer, doña Cabrejos con la que se casó.

François Crousillat era un hombre seductor que atraía a las mujeres y en cuanto su mujer se descuidó, él ya estaba en viaje a Francia para casarse con otra. Jaime llegó a conocer a ese abuelo mujeriego y entonces calvo. Tendría unos quince años cuando su abuelo murió en Lima, y Jaime tenía pánico de que con el tiempo se quedara él también calvo. Por suerte, no fue así. Jaime hablaba con orgullo de su cabellera blanca y fuerte, *¿Ve este pelo? Se debe a que tengo 12 por ciento de sangre india. Éste es pelo indio.* Y era cierto. Su bisabuela había sido una india del Perú.

La familia Muro Crousillat era sumamente rica. Las cosechas y la herencia del padre cura ayudaron a la familia a pasar una buena vida.

Agradecimientos

Muy agradecida a mis amigos Dolores y Luis Chaparro por sus correcciones y sugerencias.

A mi colega escritor Mike Grunsten le agradezco sus observaciones tan acertadas.

Made in United States
Orlando, FL
22 January 2024